A Clavícula de
Salomão

CHAVE

A Clavícula de Salomão

por Samuel Lidell Mathers

Tradução: Marina Della Valle

CHAVE

Tradução: **Marina Della Valle**

Diagramação e capa: **AJ Estúdio**

Preparação: **Cristiane Maruyama**

Revisão: **Ieda Lebensztayn**

Este livro teve o apoio do site **Megaleitores**
(megaleitores.com.br)

Dados Internacionais de Catalogação na Publicação - CIP

S173 Salomão
A clavícula de Salomão (Clavicula Salomonis) / Salomão. Tradução de Marina Della Valle. Prefácio de S. Liddell Macgregor Mathers. - São Paulo: Campos, 2015. (Selo Chave)
145 p.; il.

ISBN 978-85-63137-46-3

1. Ciências Ocultas. 2. Ocultismo. 3. Esoterismo. 4. Magia. 5. Rei Salomão. 4. Manuscrito Add. 10862. 5. Manuscrito Lansdowne 1203. I. Título. II. Série. III. Selo Chave. IV. Valle, Marina Della, Tradutora. V. Mathers, S. Liddell Macgregor.

CDU 133 CDD 130

CHAVE

Rua Araújo, 124, 1º andar, São Paulo
Cep: 01220-020

SUMÁRIO

LIVRO II

NOTA DA EDIÇÃO BRASILEIRA

A Clavícula de Salomão é o mais famoso dos grimórios, livros que registram feitiços, encantamentos e rituais mágicos. Como vários outros textos do gênero, sua autoria é atribuída ao terceiro rei de Israel, o que terminou por gerar o termo *magia salomônica*. O livro inspirou vários outros grimórios, como a chamada *Clavícula menor de Salomão*, ou *Legemeton*, com a qual é frequentemente confundido, e influenciou diversas linhas ocultistas, tornando-se um item essencial na biblioteca dos interessados no assunto.

Mesmo tendo sua autoria atribuída a Salomão, personagem bíblico que teria governado Israel até por volta de 900 AC, estudiosos datam a obra - ou seus protótipos - do período entre o final do século XIV e o meio do XV. Entre os manuscritos que chegaram aos dias de hoje, os mais antigos são provavelmente do século XVI. O livro guarda grandes semelhanças com as obras da mágica renascentista, quando houve um ressurgimento do hermetismo e da magia cerimonial.

A clavícula de Salomão deriva da crença de que o rei judaico seria capaz de conjurar espíritos elementais, anjos e demônios, o que teria contribuído para suas conquistas e fortuna. A introdução traz Salomão dizendo a seu filho Roboão como ele recebeu de um anjo, após rogar a Deus, conhecimentos que lhe permitiram conjurar espíritos e fazer com que eles obedecessem a suas ordens. A pedido do anjo, ele escreveu tais conhecimentos em um livro - a *Clavicul*a, termo que, em latim, significa "pequena chave" - que ele divide então com Roboão e pede que seja enterrado com ele quando morrer. De acordo com a introdução, assim é feito, e a *Clavícula* permanece oculta até que certos filósofos babilônicos decidem renovar o sepulcro de Salomão e encontram o livro.

A obra é dividida em duas partes O primeiro livro traz encantamentos, conjurações, tabelas com correspondências entre planetas e seus dias e horas, anjos, arcanjos, metais e cores, e instruções para a construção do círculo mágico e, especialmente, dos pentáculos, base das operações mágicas descritas na *Clavícul*a, usados para compelir os espíritos a virem e a obedecerem ao mago que os conjura.

O segundo traz especificações e instruções minuciosas para a confecção dos instrumentos utilizados nas operações mágicas, incluindo as vestes dos magos e aprendizes; os materiais, ervas e incensos e conjurações e exorcismos apropriados para cada item. Há ainda detalhes sobre as extensas preparações que o ocultista deve fazer antes de cada operação mágica, como jejum, preces e banhos rituais.

Há versões da *Clavícula* em diversas línguas. Em 1889 foi publicada em Londres uma edição em inglês compilada pelo britânico Samuel Liddell MacGregor Mathers (1854-1918), cuja tradução você tem em mãos. Um dos mais importantes ocultistas modernos, Mathers foi cofundador da Ordem Hermética da Aurora Dourada, organização dedicada à teurgia e à magia cerimonial originada na Inglaterra. Com ramificações ainda hoje na ativa, seu sistema filosófico inclui diversos assuntos tratados na *Clavícula*, como cabala, astrologia e o uso de pentáculos, caracteres e sigilos mágicos. A Aurora Dourada teve entre seus membros o poeta irlandês William Butler Yeats e Aleister Crowley, fundador do sistema filosófico e religioso Thelema, tornando-se uma das ordens herméticas mais importantes.

A edição de Mathers de *A clavícula de Salomão* foi feita a partir de sete manuscritos em diferentes línguas, do acervo da Biblioteca Britânica, sendo que o mais antigo data do século XVI. De acordo com ele, o trabalho mais difícil foi decifrar e corrigir os caracteres mágicos e letras hebraicas presentes nos pentáculos, já que estavam bastante deformados nos originais.

Mathers incluiu diversas notas ao longo do livro, detalhando as diferenças entre os manuscritos e informações complementares para a melhor compreensão da obra. Todas foram mantidas nesta edição. No Livro I há duas introduções, tiradas de fontes diferentes, além de um breve discurso preliminar. O Livro II é iniciado com uma pequena nota introdutória. Ao final do volume, Mathers coloca a tradução de um fragmento em hebraico da *Clavícula* e uma invocação cabalística de Salomão, ambas publicadas em obras do ocultista francês Eliphas Lévi (1810-1875), que, segundo ele, teria tomado o grimório como base para seu conhecido tratado *Dogme et rituel de la haute magie* (publicado no Brasil como *Dogma e ritual de alta magia*).

Mathers traduziu outros livros importantes para o ocultismo, como o *Livro de Abramelin*, o *Grimório de Arbadel* e *A clavícula menor de Salomão*, que traz as descrições e os sigilos mágicos dos 72 demônios que o rei teria invocado e aprisionado em um vaso de bronze. Conteúdo presente em muitas obras semelhantes, a lista dos demônios não faz parte da *Clavícula*.

Curiosamente, Mathers decidiu omitir alguns experimentos dos manuscritos originais, que julgou muito próximos da magia negra. Após avisar o leitor sobre dois grimórios cujos textos teriam sido mesclados com o material da *Clavícula* em outras edições - a saber, *Grimorium verum* e *Clavicola di Salomone ridolta*, que, segundo ele, "estão cheios de magia maligna" -, o editor diz que suprimiu os textos por julgá-los derivados das obras mencionadas.

Os capítulos omitidos foram resgatados no início dos anos 2000 pelo autor e estudioso do ocultismo norte-americano Joseph H. Peterson, que fez um extensivo estudo dos manuscritos da *Clavícula* disponíveis atualmente e revisou a versão de Mathers, corrigindo disparidades e adicionando informações. Peterson, por sua vez, omite alguns capítulos que estão na edição de Mathers, por não considerar que o manuscrito do qual eles eles foram tirados seja de fato parte da *Clavícula*.

Esta é a primeira edição brasileira do clássico da magia traduzida diretamente da obra editada por Samuel Mathers e que tem como referência também o trabalho de Peterson. As duas versões são consideradas as mais completas atualmente disponíveis.

Marina Della Valle

PREFÁCIO DE SAMUEL LIDELL MATHERS

Ao apresentar esta celebrada obra de magia ao estudante das ciências ocultas, algumas observações prévias são necessárias.

A clavícula de Salomão, salvo por uma cópia abreviada e reduzida publicada na França no século 17, ainda não havia sido impressa, permanecendo por séculos em forma de manuscritos inacessíveis a todos menos aos poucos acadêmicos afortunados aos quais estavam abertos os recantos mais remotos das grandes bibliotecas. Assim, eu me considero imensamente honrado por ser o indivíduo ao qual recaiu a tarefa de conduzir esta obra à luz do dia.

Manancial e depósito da magia cabalista e origem de grande parte da magia cerimonial dos tempos medievais, a *Clavícula* sempre foi avaliada por autores ocultistas como um trabalho da mais elevada autoridade. Em nossos dias, Eliphaz Lévi[1] a tomou como o modelo no qual baseou seu celebrado *Dogme et rituel de la haute magie*[2]. Deve ser evidente ao leitor iniciado em Lévi que a *Clavícula de Salomão* foi seu livro didático de estudo e, no final deste volume, apresentarei um fragmento de um manuscrito da obra em hebraico antigo publicado em *Philosophie occulte*[3] que carrega uma analogia próxima ao presente no primeiro livro, sendo construído do mesmo modo no esquema das sephiroth.

A história do original em hebraico de *A clavícula de Salomão* é dada nas introduções, mas há várias razões para supor que foi inteira-

1 N.d.T. A grafia mais comum do nome é Eliphas Lévi, a qual será adotada nesta obra.

2 N.d.T. No Brasil, foi publicado como *Dogma e ritual de alta magia*.

3 N.d.T. Aqui Mathers se refere ao título francês que engloba os livros *Fábulas e símbolos* e *Filosofia dos espíritos*, de Lévi.

mente perdido, e Christian[4], aluno de Lévi, diz o mesmo em *Histoire de la magie.*

Não vejo motivos para duvidar da tradição que atribui a autoria da *Clavícula* ao rei Salomão, pois, entre outros, Josefo, o historiador judeu, menciona especialmente os trabalhos de magia atribuídos àquele monarca; isso é confirmado por muitas tradições orientais, e suas habilidades mágicas são mencionadas frequentemente em *As mil e uma noites.*

Há, no entanto, duas obras sobre magia negra, *Grimorium verum* e *Clavicola di Salomone ridolta*, que foram atribuídas a Salomão e, em alguns casos, especialmente confundidas com o presente livro, com o qual não têm nenhuma relação; estão cheias de magia maligna, e advirto o estudante prático contra elas com total veemência.

Há ainda outra obra chamada *Lemegeton,* ou a *Clavícula menor de Salomão,* repleta de selos de vários espíritos, que não se trata do presente livro, embora seja extremamente valiosa em sua própria área.

Ao editar este volume, omiti um ou dois experimentos que partilham abundantemente de magia negra e que são evidentemente derivados das duas obras goéticas que mencionei acima; devo acautelar o praticante contra o uso de sangue; a reza, o pentáculo e os perfumes, usados corretamente, são suficientes; e o primeiro beira perigosamente o caminho do mal. Quer aquele que, apesar dos avisos deste volume, decidir trabalhar com o mal, esteja assegurado de que o mal irá se virar contra ele, que será atingido pela corrente de refluxo.

Esta obra foi editada a partir de vários manuscritos ancestrais do Museu Britânico, que diferem uns dos outros em vários pontos, alguns incluindo o que é omitido em outros, mas todos, infelizmente, estão de acordo em uma coisa, que é a execrável mutilação de palavras do hebraico por ignorância dos transcritores. Mas é nos pentáculos que o hebraico está pior, as letras rabiscadas de modo tão vil que se tornam realmente indecifráveis em algumas ocasiões. Parte de meu trabalho, durante vários anos, foi corrigir e restabelecer o hebraico correto e os caracteres mágicos neles. Portanto, o estudante pode confiar com segurança que estão quase tão corretos quanto possível nesta reprodução. Assim, sempre que pude, corrigi o hebraico nos nomes mágicos, nas conjurações

---

4 N.d.T. Pierre Christian, discípulo de Lévi.

e nos pentáculos e, nas poucas ocasiões em que isso não foi possível, eu os coloquei na forma mais comum, comparando com cuidado um manuscrito com outro. Os capítulos estão classificados de modo um pouco diferente nos vários manuscritos, o material contido tendo sido transposto etc. Em alguns casos, inseri notas onde foi necessário.

Os manuscritos a partir dos quais esta obra foi editada são: Add. 10862; Sloane 1307 e 3091; Harleian 3981; King's 288; e Lansdowne 1202 e 1203; sete códices no total.

De todos, Add. 10862 é o mais antigo, datado do final do século 17; Harleian 3981 é provavelmente de meados do século 18; os outros são de datas bem posteriores.

O manuscrito Add. 10862 foi escrito em latim na forma contraída e é difícil de ser lido, mas contém capítulos omitidos em outros e também uma introdução importante. Seu palavreado é mais conciso. Seu título é curto, sendo simplesmente *A clavícula de Salomão, traduzida da língua hebraica para o latim*. Uma cópia exata da assinatura do autor do manuscrito está na figura 93[5]. Os pentáculos estão muito mal desenhados.

Os manuscritos Harleian 3981, King's 288 e Sloane 3091 são similares e contêm o mesmo material e quase as mesmas palavras, mas o último apresenta muitos erros de transcrição. Estão todos em francês. O palavreado e as conjurações dessas obras são mais amplos que os dos manuscritos Add. 10862 e Lansdowne 1202. O título é *A clavícula de Salomão rei dos hebreus, traduzida da língua hebraica para o italiano por Abraham Colorno, por ordem de Sua Alteza Sereníssima de Mântua e recentemente passada para o francês*. Os pentáculos estão muito melhor desenhados e em tintas coloridas e, no caso de Sloane 3091, são empregados ouro e prata.

O manuscrito Sloane 1307 está em italiano, e seu título é *La clavicola di Salomone redotta et epilogata nella nostra materna lingua del dottissimo Gio Peccatrix*. Está cheio de magia negra e é uma mixórdia da verdadeira *Clavícula de Salomão* e dos dois livros com material maléfico mencionados anteriormente. Os pentácu-

5 N.d.T. Segundo Joseph H. Peterson, em sua edição da versão da *Clavícula de Salomão* de Mathers, a assinatura parece ser Ibau Abraham.

los estão mal desenhados. No entanto, traz parte da introdução do manuscrito Add. 10862, o único outro a incluí-la, salvo o início de outra versão italiana encadernada com o manuscrito anterior, que leva o título de *Zercobenei*.

O manuscrito Lansdowne 1203 é intitulado *As legítimas clavículas de Salomão traduzidas do hebraico para a língua latina pelo rabino Abognazar (?Aben Ezra)*[6]. Está em francês, escrito com requinte em letras de imprensa, e os pentáculos foram cuidadosamente desenhados com tintas coloridas. Embora contenha material similar aos outros, a organização difere totalmente, com tudo em um só livro, nem mesmo dividido em capítulos.

A antiguidade dos sigilos planetários é demonstrada pelo fato de que, entre os talismãs gnósticos no Museu Britânico, há um anel de cobre com os sigilos de Vênus, que são exatamente os mesmos dados pelos escritores medievais de magia.

Em todas as referências ao livro dos *Salmos* inseri suas numerações inglesas, não as hebraicas[7].

Em alguns lugares substituí a palavra AZOTH por "Alfa e Ômega", como, por exemplo, na lâmina da faca com punho preto na figura 62. Devo observar que a espada mágica pode, em vários casos, ser usada no lugar da faca.

Para concluir, irei apenas mencionar, para o benefício dos não hebraístas, que o hebraico é escrito da direita para a esquerda, e pela natureza consonantal do alfabeto hebraico, exigirá menos letras que o inglês para expressar a mesma palavra.

Aproveito esta oportunidade para expressar meus agradecimentos ao Dr. Wynn Westcott por sua ajuda inestimável na reconstrução dos pentáculos em hebraico.

Londres, outubro de 1888.

---

6 N.d.T. De acordo com a edição de Joseph H. Peterson de A clavícula de Salomão (disponível em www.esotericarchives.com/solomon/ksol.htm), Mathers tinha em mente o intelectual sefardita Abraham ibn Ezra (1089-1164), o que seria improvável pela discrepância de datas.

7 N.d.T. A numeração usada nesta edição, que corresponde à dada por Mathers, assim como a tradução de todos os versículos bíblicos nela inclusos, foram retirados da edição Almeida Revista e Corrigida da Bíblia.

LISTA DE GRAVURAS

I

PLATE I.

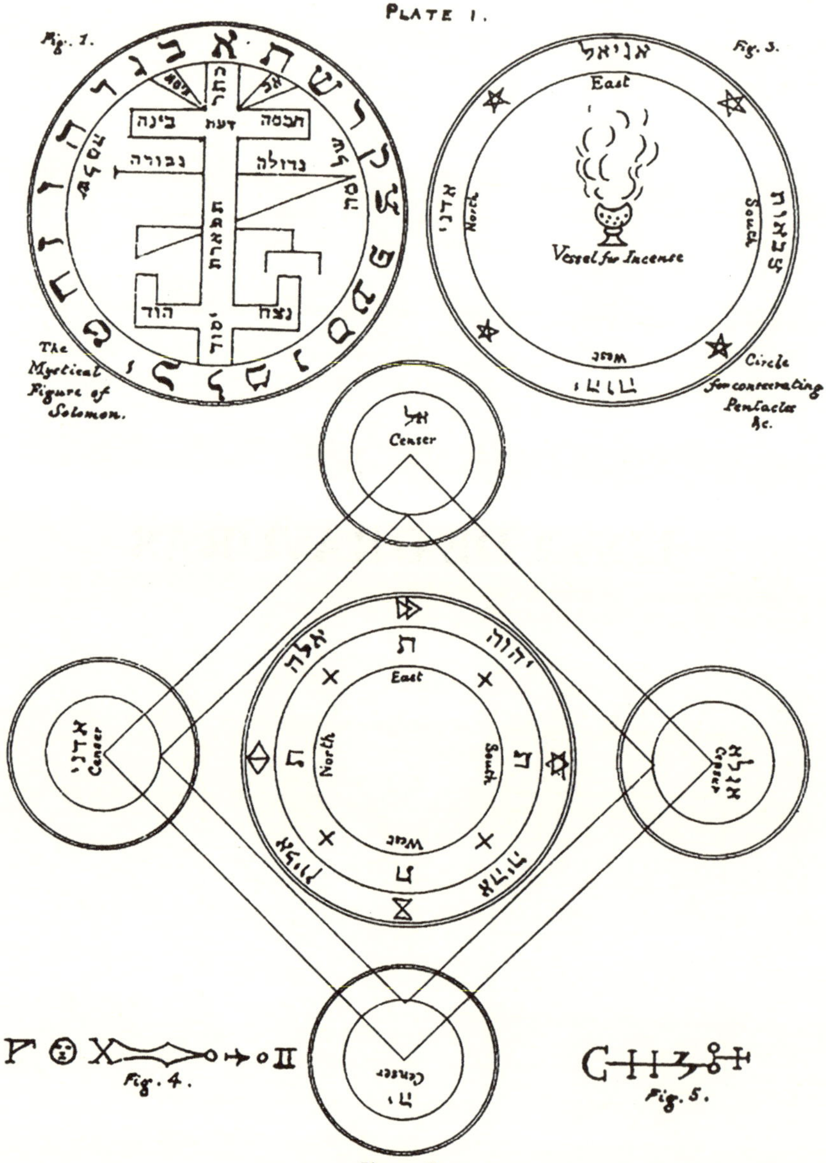

Figure 2.

II

PLATE II.

Fig. 6.

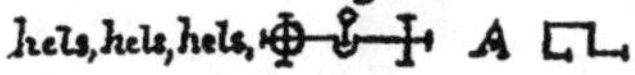

Fig. 7.

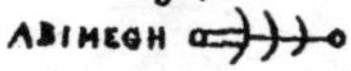

Fig. 8.

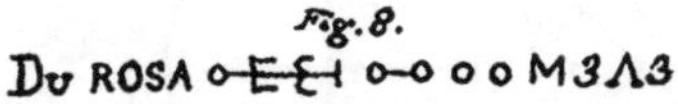

Fig. 9.

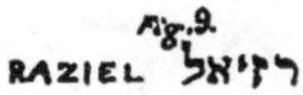

Fig. 10.

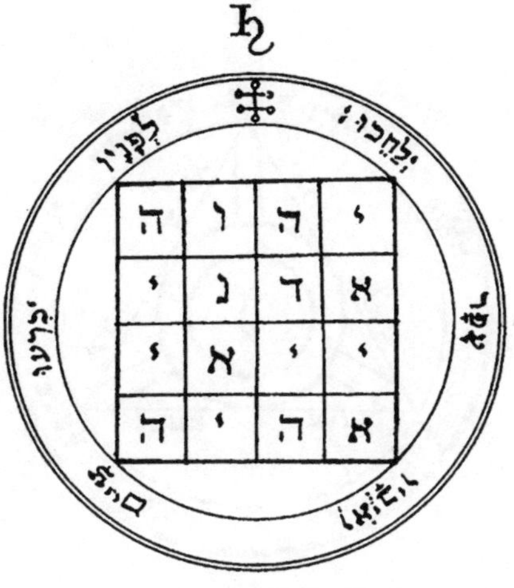

Fig. 11.

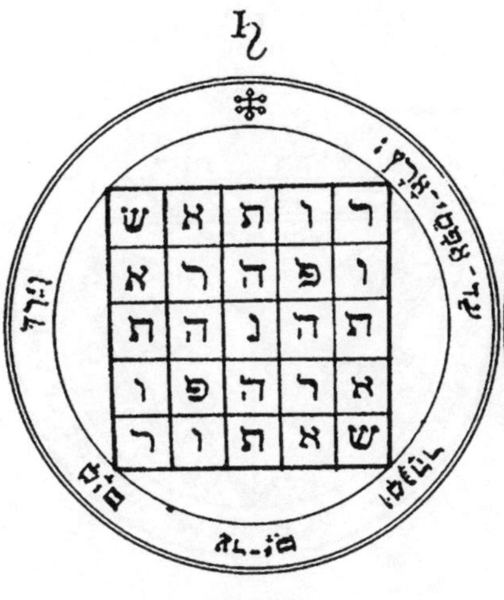

Fig. 12.

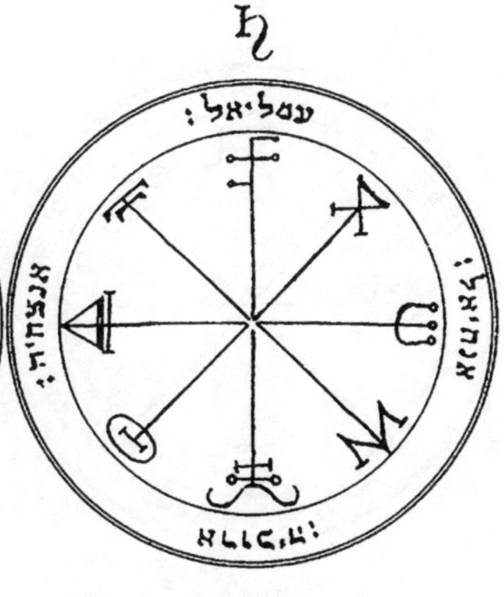

Fig. 13.

III

PLATE III.

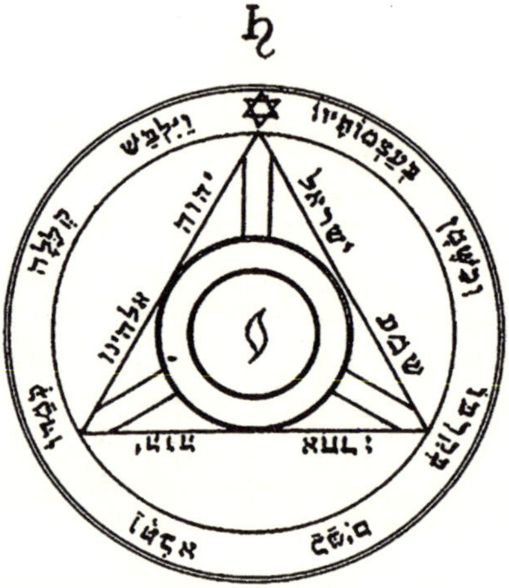

Fig. 14.

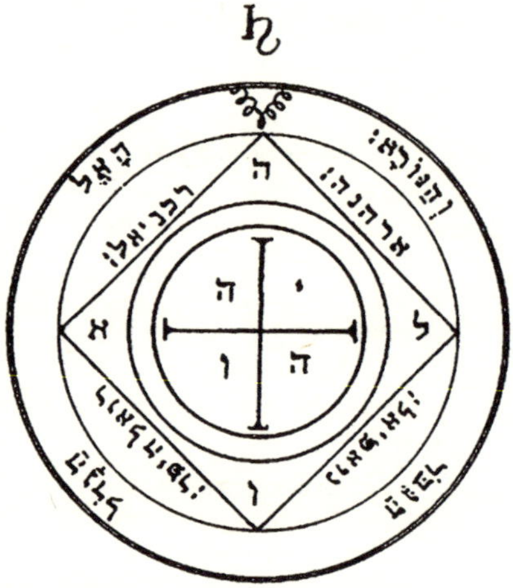

Fig. 15.

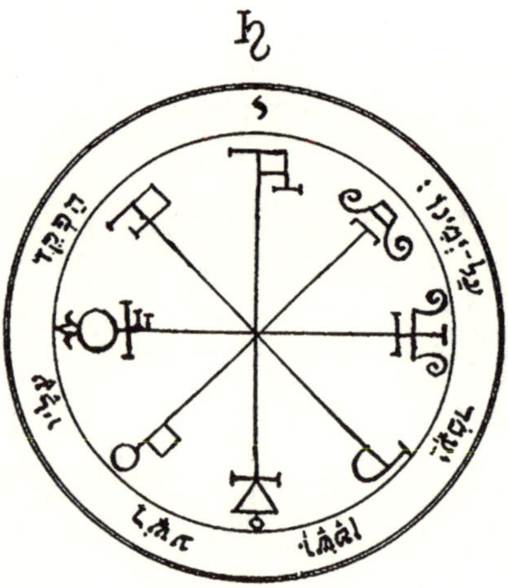

Fig. 16.

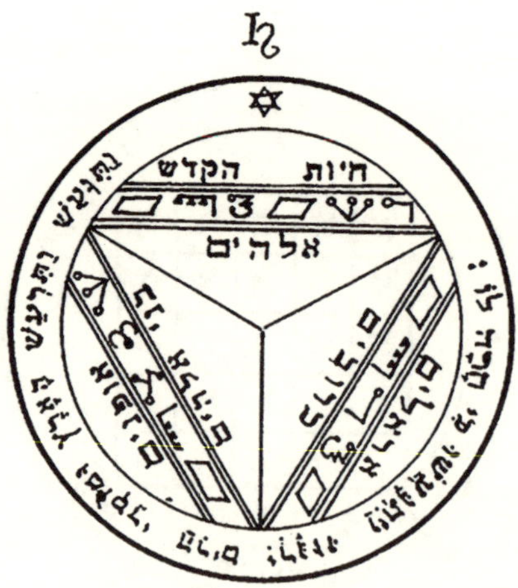

Fig. 17.

IV

PLATE IV.

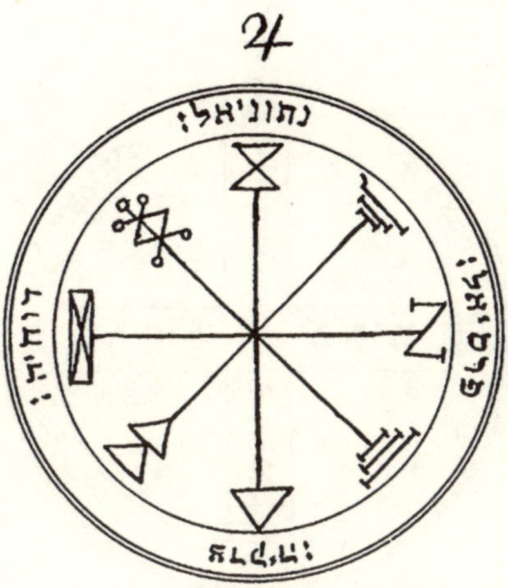

Fig. 18.

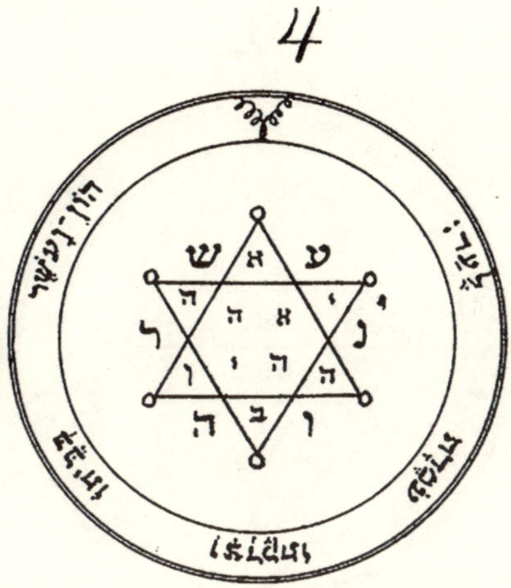

Fig. 19.

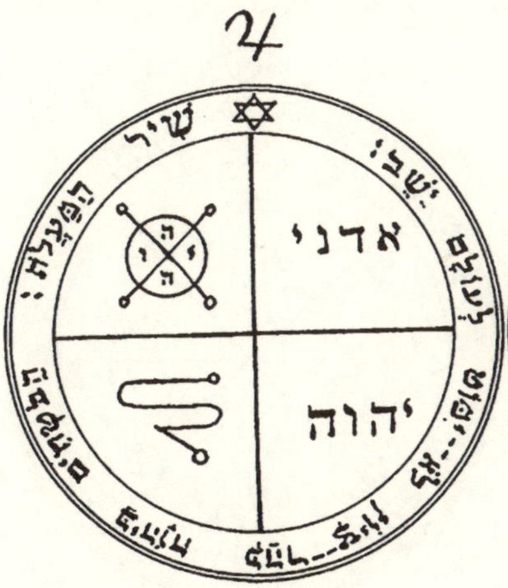

Fig. 20.

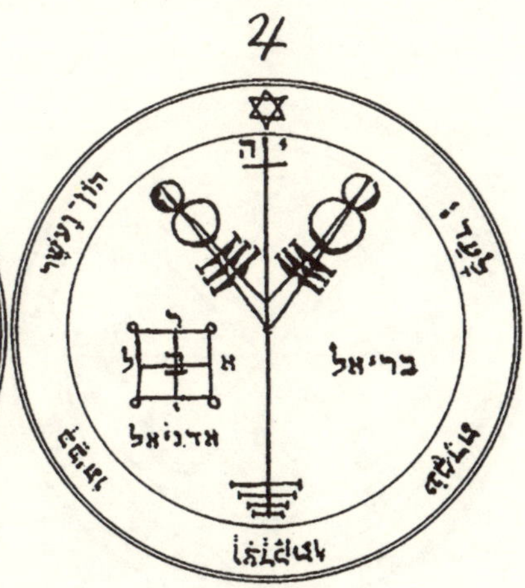

Fig. 21.

V

PLATE V.

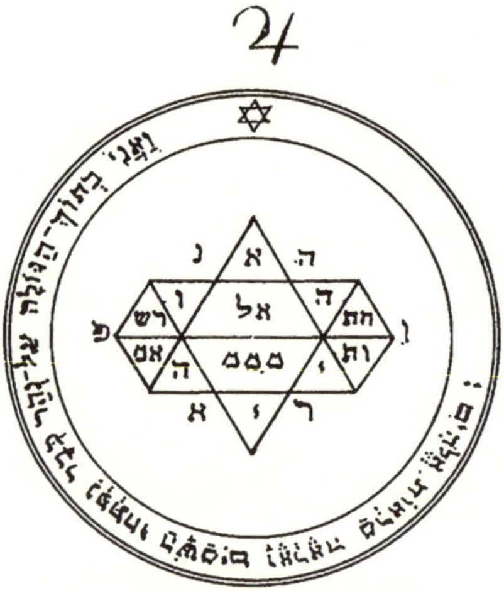

Fig. 22.

Fig. 23.

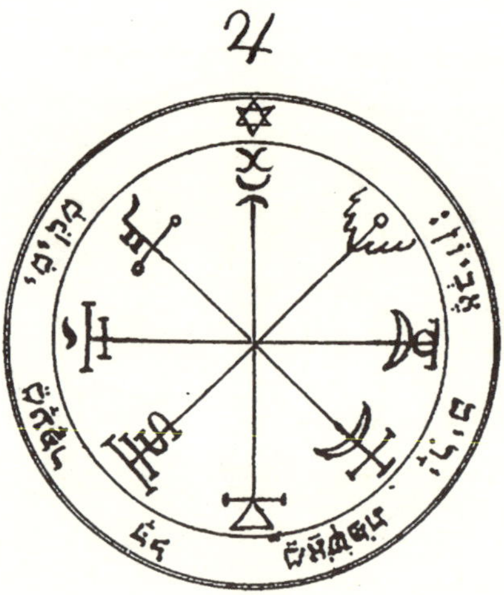

Fig. 24.

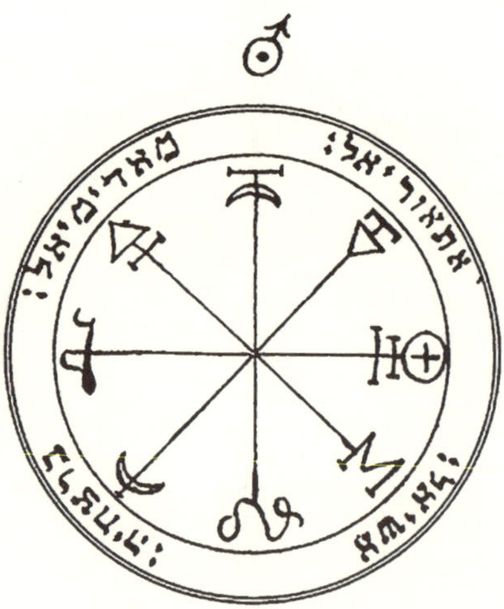

Fig. 25.

VI

PLATE VI.

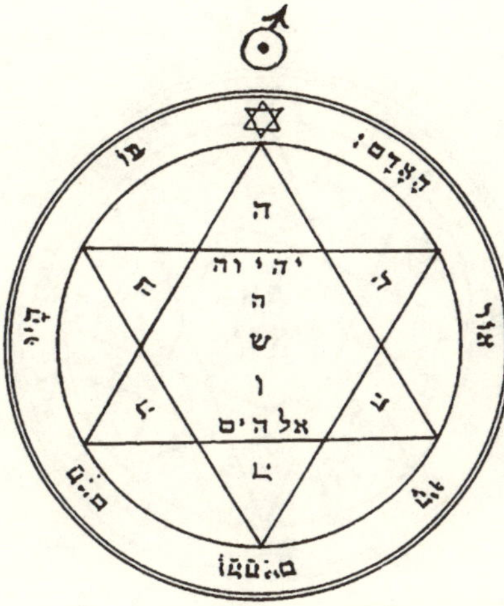

Fig. 26.

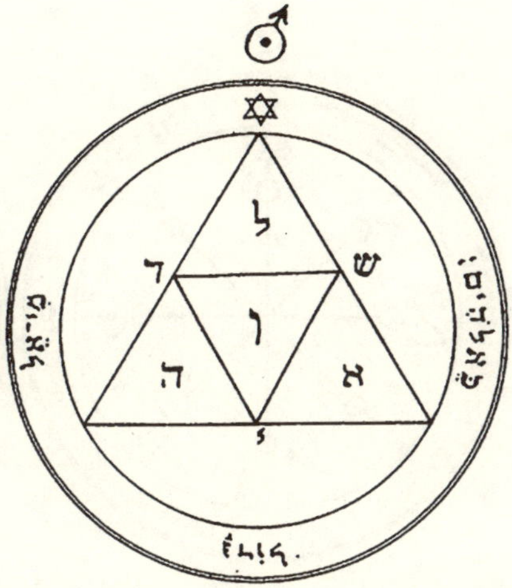

Fig. 27.

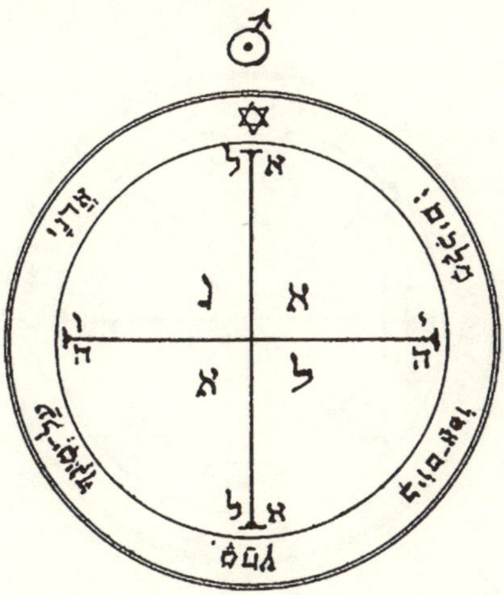

Fig. 28.

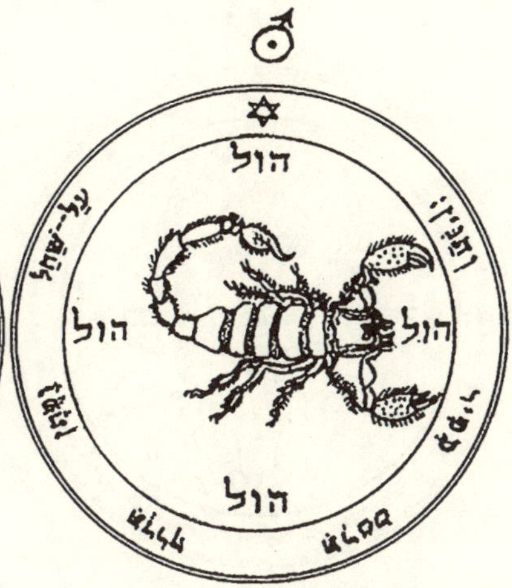

Fig. 29.

VII

PLATE VII.

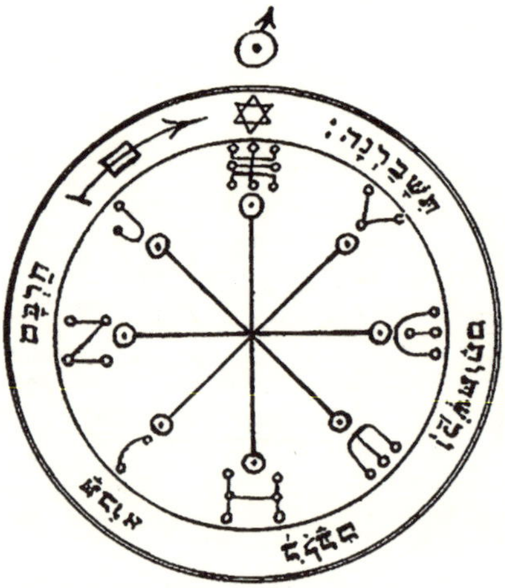

Fig. 30.

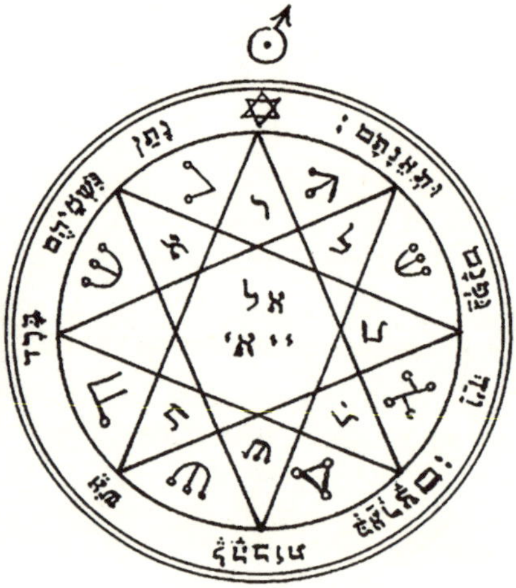

Fig. 31.

Fig. 32.

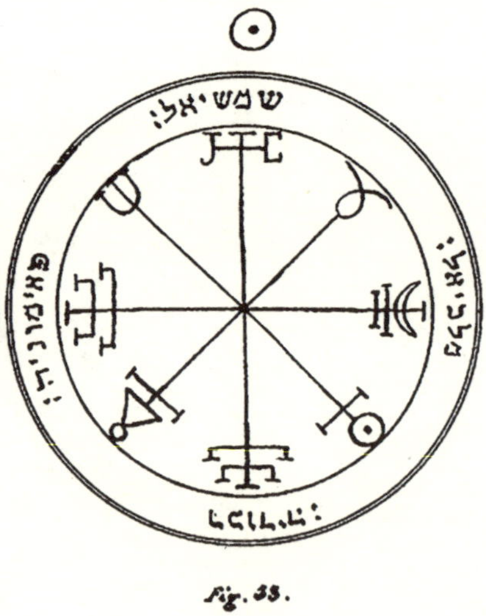

Fig. 33.

VIII

PLATE VIII.

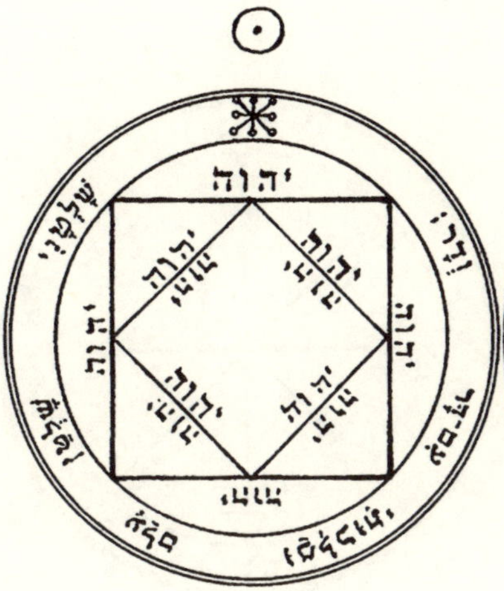

Fig. 34.

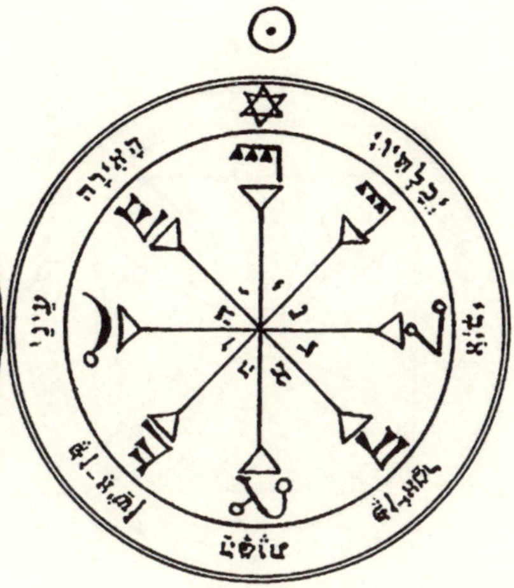

Fig. 35.

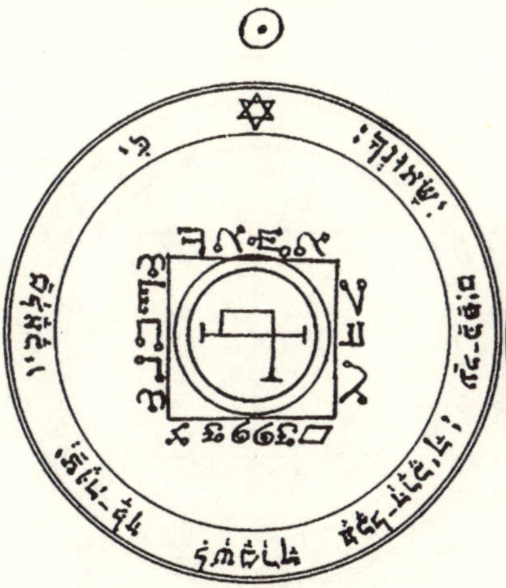

Fig. 36.

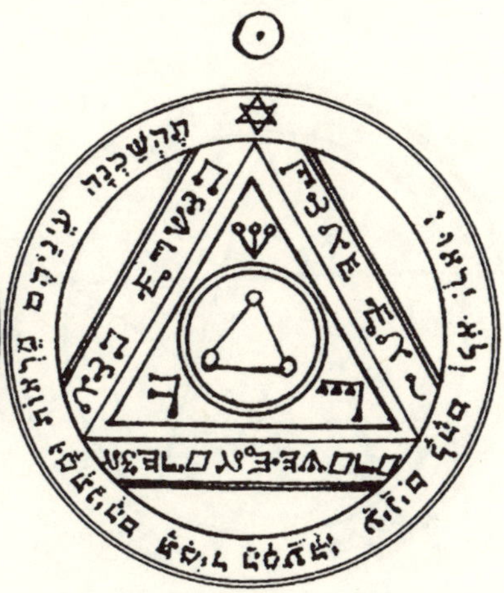

Fig. 37.

IX

PLATE IX.

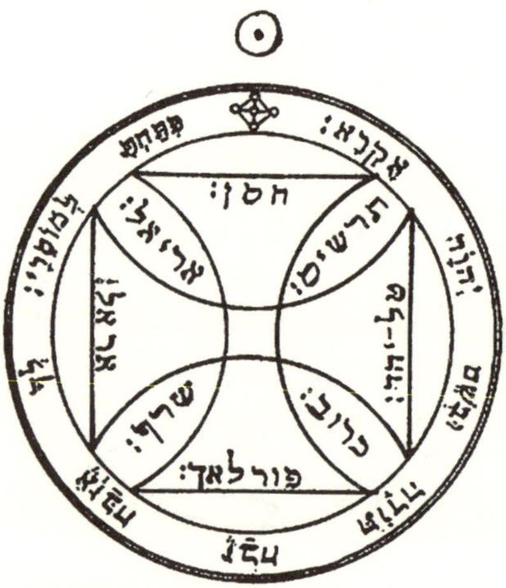

Fig. 38.

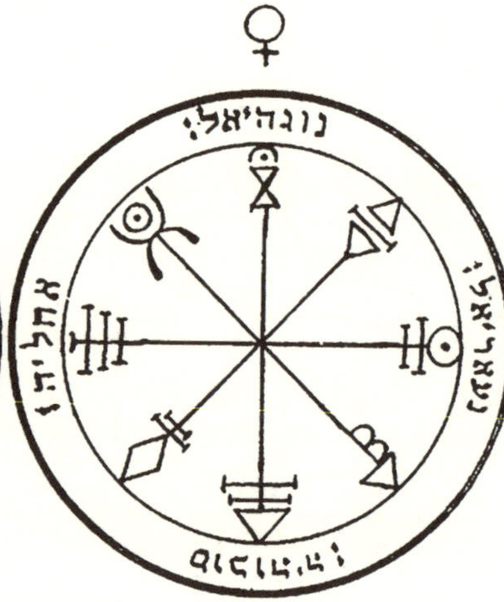

Fig. 39.

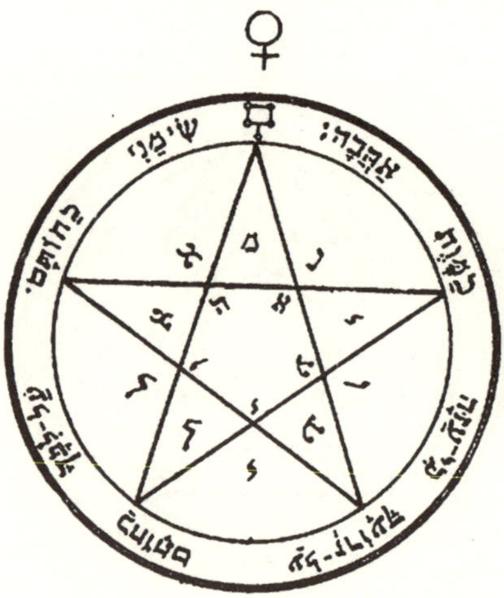

Fig. 40

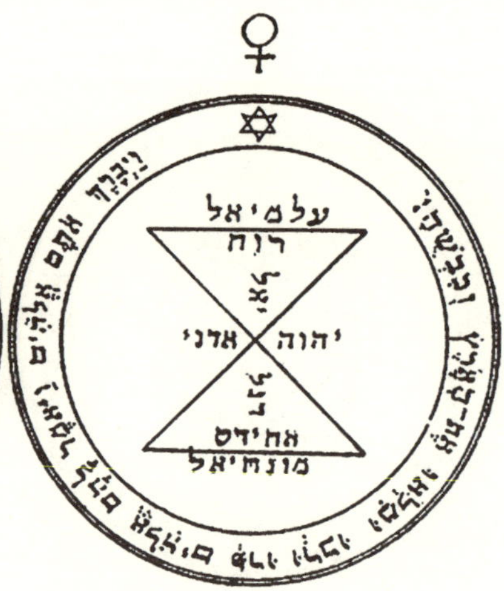

Fig. 41.

X

PLATE X.

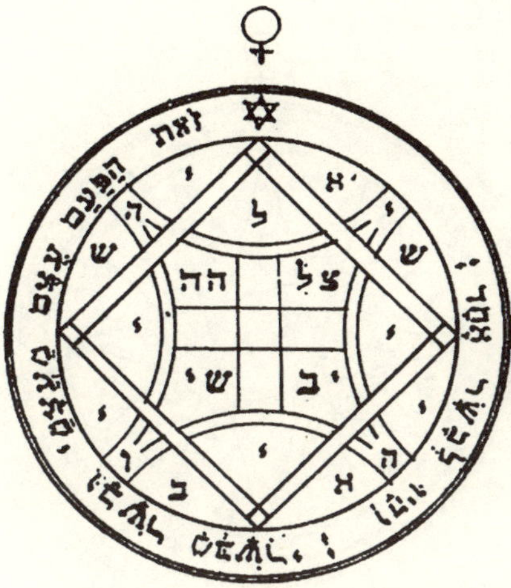

Fig. 42.

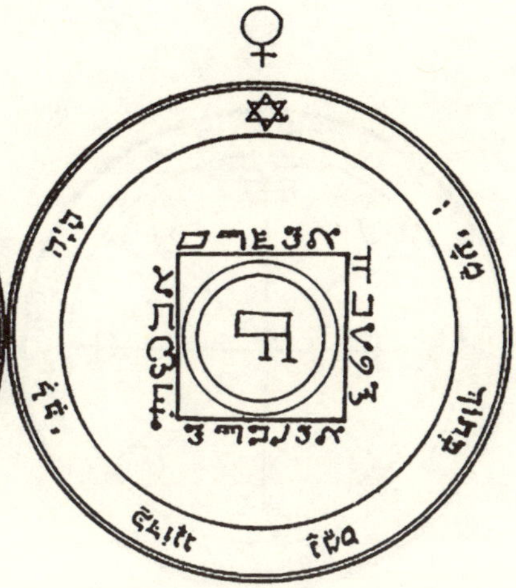

Fig. 43.

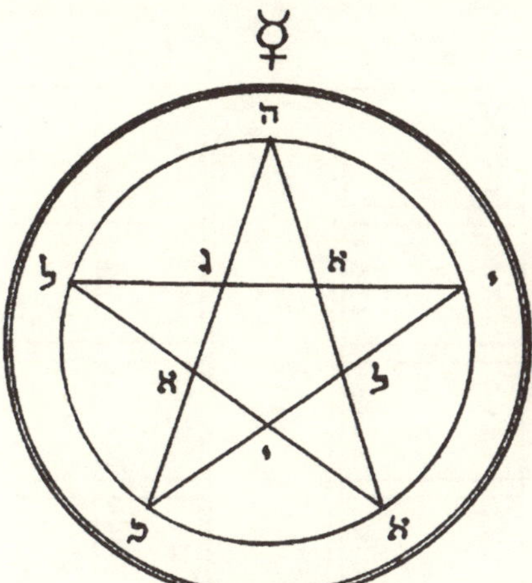

Fig. 44.

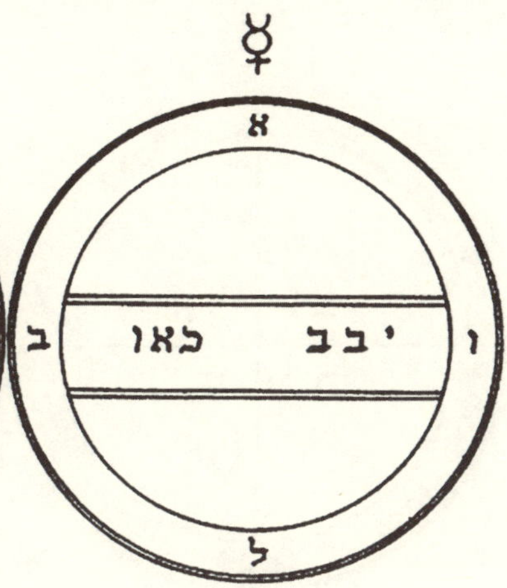

Fig. 45.

XI

PLATE XI.

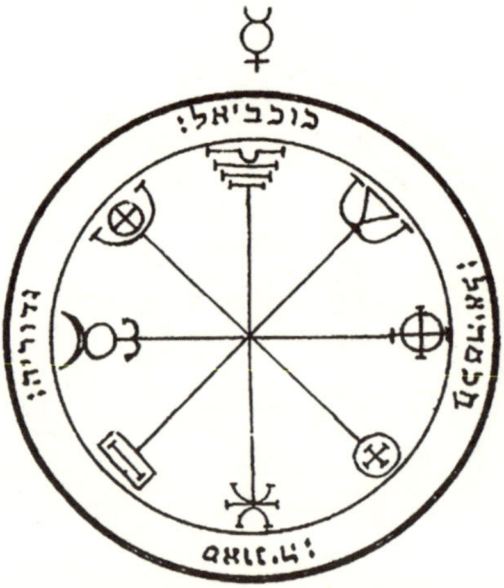

Fig. 46.

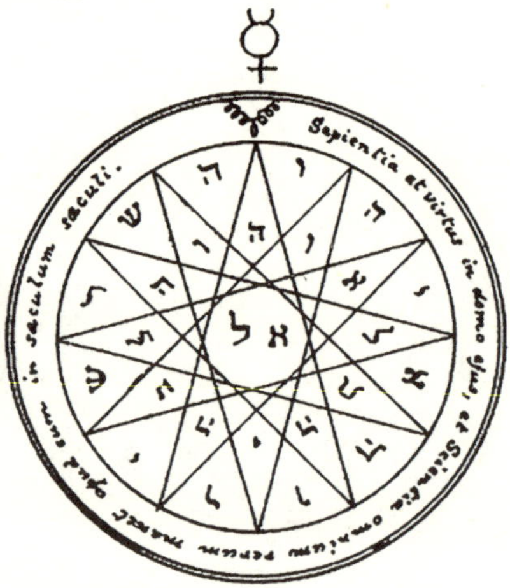

Fig. 47.

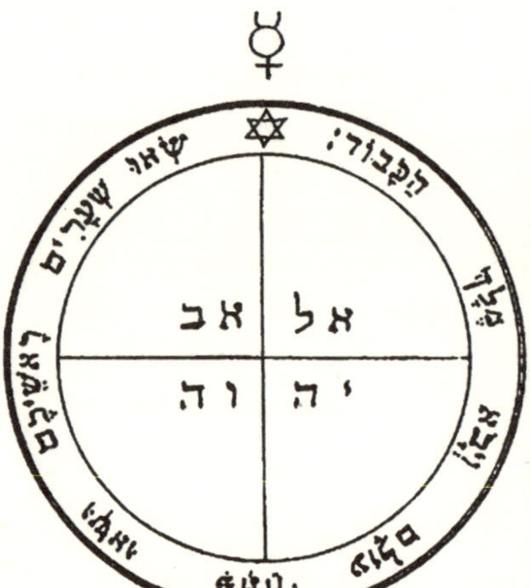

Fig. 48.

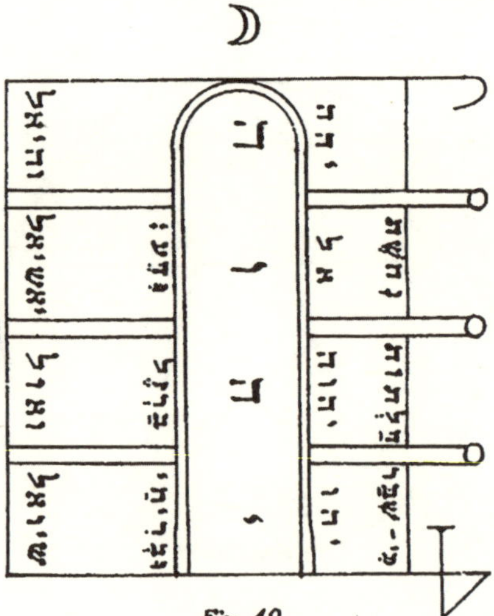

Fig. 49.

XII

PLATE XII.

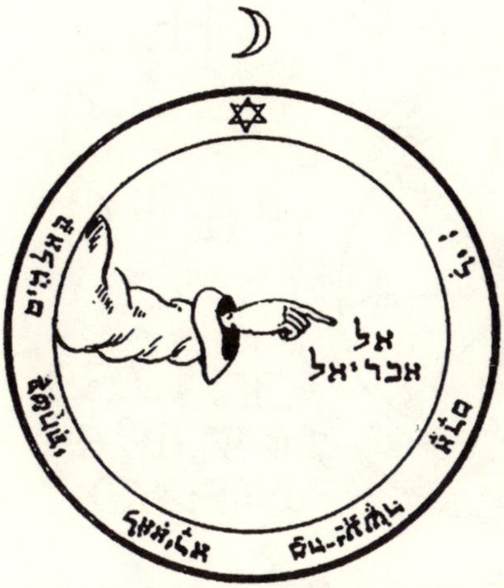

Fig. 50.

Fig. 51.

Fig. 52.

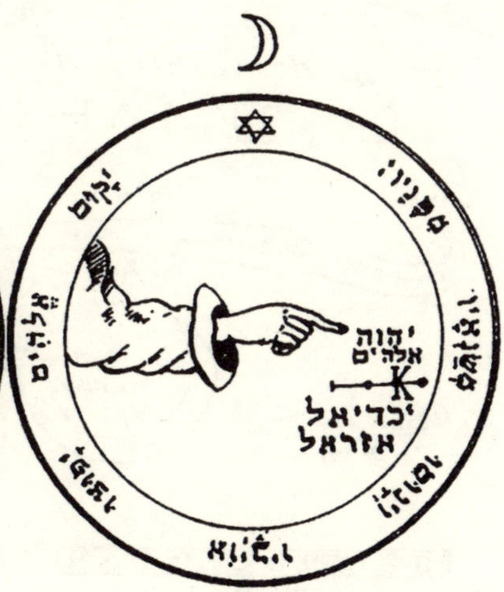

Fig. 53.

XIII

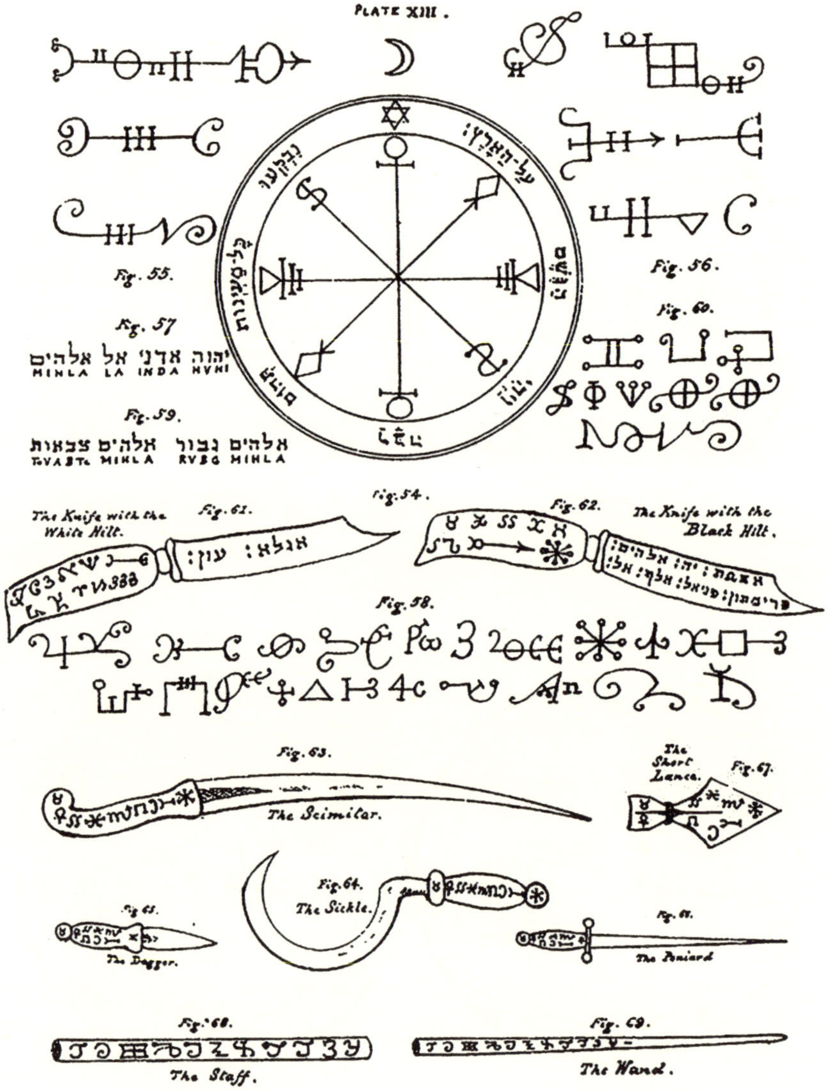
PLATE XIII.
Fig. 55.
Fig. 56.
Fig. 57
יהוה אדני אל אלהים
MIHLA LA INDA HVHI
Fig. 59.
אלהים גבור אלהים צבאות
RVBG MIHLA TVABTC MIHLA
Fig. 60.
Fig. 54.
The Knife with the White Hilt.
Fig. 61.
Fig. 62.
The Knife with the Black Hilt.
Fig. 58.
Fig. 63.
The Scimitar.
The Short Lance.
Fig. 67.
Fig. 64.
The Sickle.
The Dagger.
The Poniard
Fig. 68.
The Staff.
Fig. 69.
The Wand.

XIV

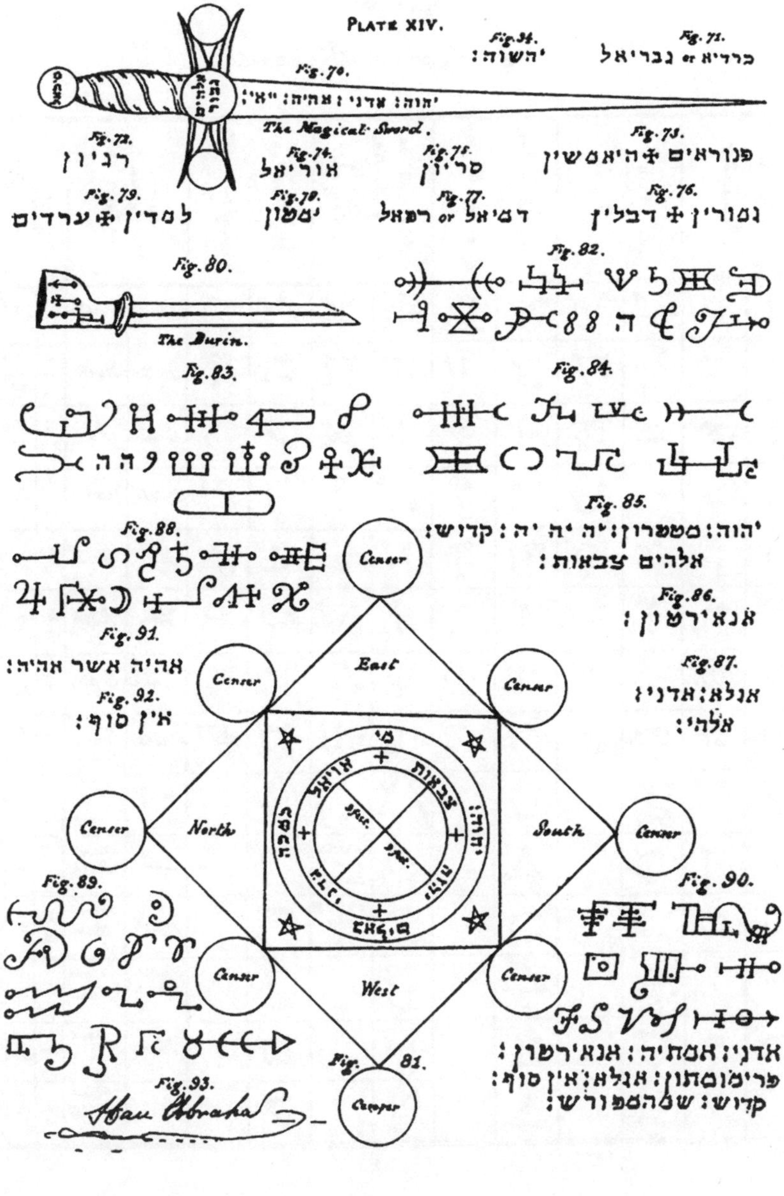
PLATE XIV.
Fig. 70.
The Magical Sword.
The Burin.
Fig. 80.
Censer
East
North
South
West
Fig. 81.
Fig. 93.

XV

PLATE XV.

The Mystical Alphabets.

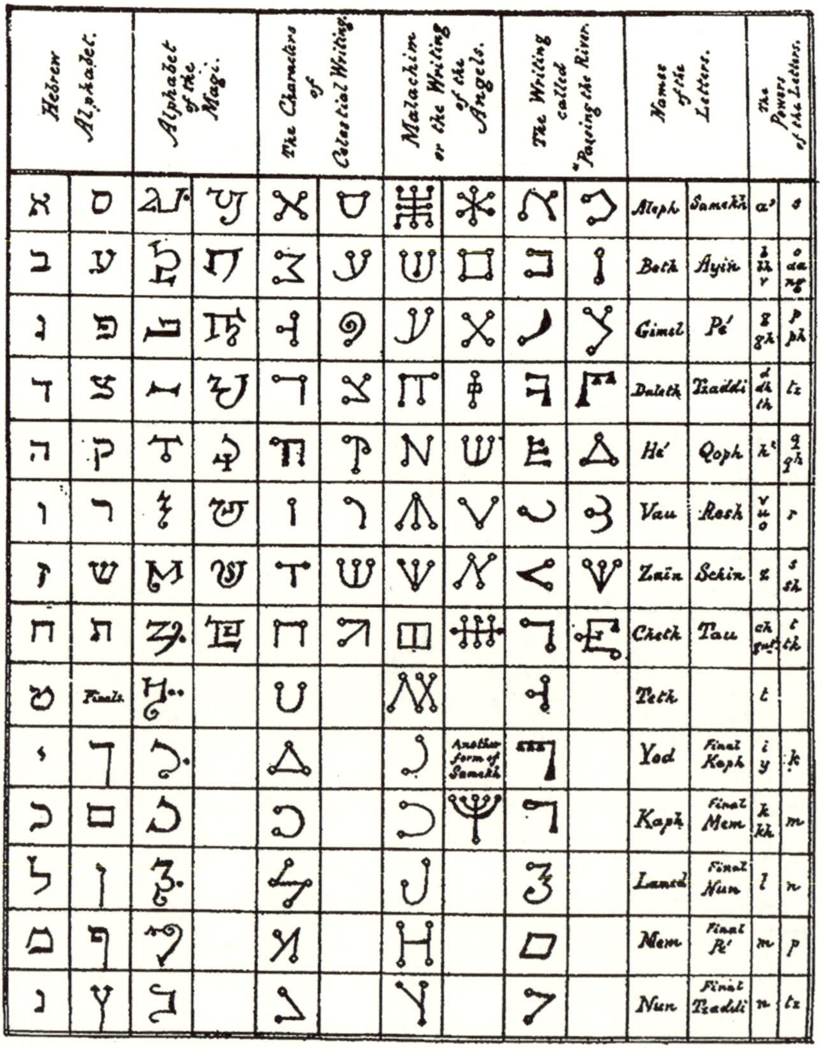

DISCURSO PRELIMINAR

Do manuscrito Lansdowne 1203, *As legítimas clavículas de Salomão*, traduzidas do hebraico para a língua latina pelo rabino Abognazar[1].

Hoje, todos sabemos que, desde tempos imemoriais, Salomão possuía sabedoria inspirada pelos ensinamentos sábios de um anjo, a quem parecia tão submisso e obediente que exigiu, além da graça e da sabedoria, obter com abundância todas as outras virtudes, o que ocorreu para que o conhecimento digno de preservação eterna não fosse enterrado com seu corpo. Ao estar, como se diz, perto de seu fim, ele deixou a seu filho Roboão um testamento que deveria conter todo (o conhecimento) que possuía antes de sua morte. Os rabinos, cuidadosos em cultivar (o mesmo conhecimento) depois dele, chamaram esse testamento de *Clavícula* ou *Chave de Salomão*, que fizeram ser gravadas em (pedaços de) cascas de árvore, enquanto os pentáculos foram inscritos em letras hebraicas em placas de cobre, para serem cuidadosamente preservados no Templo que aquele sábio rei mandou erguer.

Este testamento foi, em tempos ancestrais, traduzido do hebraico para a língua latina pelo rabino Abognazar, que o levou com ele para a cidade de Arles, na Provença, onde, por um notável golpe de sorte, a antiga *Clavícula* hebraica, ou, a bem dizer, sua preciosa tradução, caiu nas mãos do arcebispo de Arles após a destruição dos judeus daquela cidade; ele traduziu a obra do latim para a língua vulgar, nos mesmos termos aqui seguidos, sem ter mudado ou aumentado a tradução original do hebraico.

1 Acredito que deva ser uma corruptela de "Aben Ezra".

INTRODUÇÃO

Do manuscrito Add. 10862, *A clavícula de Salomão*, traduzida do hebraico para o latim.

- Reverencia, ó meu filho Roboão, a sabedoria de minhas palavras, sabendo que eu, Salomão, as recebi do Senhor.

Então respondeu Roboão, dizendo:

- Como terei merecido seguir o exemplo de meu pai, Salomão, em tais questões, ele que foi considerado digno de receber a sabedoria de todas as coisas por meio (dos ensinamentos) de um anjo de Deus?

E Salomão disse:

- Escuta, ó meu filho, e recebe meus ensinamentos, e aprende as maravilhas de Deus. Pois, em certa noite, quando me deitei para dormir, invoquei o mais sagrado Nome de Deus, IAH, e rezei pela sabedoria inefável, e quando me preparava para fechar os olhos, o anjo do Senhor, Homadiel, apareceu diante de mim, falando cortesmente muitas coisas, e me disse: Ouve, ó Salomão! Tua prece diante do Altíssimo não foi em vão, já que tu não rogaste por uma longa vida, nem por muitas riquezas ou pelas almas de teus inimigos, mas pediste para ti sabedoria para fazer justiça. Assim disse o Senhor: De acordo com tuas palavras, eu te concedi um coração sábio e compreensivo, desse modo, antes de ti jamais houve alguém semelhante e jamais existirá.

E quando compreendi o discurso que me foi feito, entendi que em mim estava o conhecimento de todas as criaturas, tanto as coisas nos céus como as que estão sob os céus; e vi que todos os escritos e sabedoria da era presente eram vãos e fúteis e que nenhum homem era perfeito. E compus certa obra na qual pesquisei o segredo dos segredos, na qual os preservei escondidos, e nela também ocultei absolutamente todos os segredos das artes mágicas de meus mestres; qualquer segredo ou experimento, quero dizer, dessas ciências que são de todos os modos dignas de serem realizadas. Eu também os escrevi nesta *Clavícula*, de maneira que, como uma chave abre a sala do tesouro, esta (*Clavícula*) em si pode abrir o conhecimento e o entendimento das artes e ciências mágicas.

Portanto, ó meu filho, tu podes ver cada experimento, meu ou de outros, e deixar tudo ser preparado de maneira adequada para eles, como verás sentado ao meu lado, dias e horas, e tudo o que for necessário, pois sem isso haveria apenas falsidade e vaidade em meu trabalho; nele estão ocultos todos os segredos e mistérios que podem ser executados; e o que é (posto) sobre uma única divinação ou experimento, o mesmo creio sobre todas as coisas que estão no universo e que estiveram e estarão no tempo futuro.

Desse modo, ó meu filho, Roboão, eu te comando pelas bênçãos que tu esperas de teu pai que faças uma Arca de Marfim e nela coloques, guardes e escondas minha *Clavícula*; e quando eu tiver partido até meus pais, rogo a ti que a coloques em meu sepulcro, ao meu lado, para que em outros tempos não caia nas mãos dos iníquos. E, como ordenou Salomão, assim foi feito.

E quando (homens) tinham esperado por um longo tempo, foram ao sepulcro certos filósofos babilônicos; e, quando se reuniram, eles de uma vez deliberaram que certo número de homens deveria renovar o sepulcro em sua (de Salomão) honra; e, quando o sepulcro foi escavado e reparado, a Arca de Marfim foi descoberta e dentro dela estava a *Clavícula dos Segredos*, que eles tomaram com júbilo e, quando a abriram, ninguém entre eles pôde entendê-la, dada a obscuridade das palavras, seu arranjo oculto e a natureza recôndita do sentido e do conhecimento, pois eles não eram dignos de possuir tal tesouro.

Então se ergueu entre eles um mais digno (que os outros), tanto na visão dos deuses e por causa de sua idade, que se chamava Iohé Grevis[1], e disse aos outros:

---

1 Acredito que está correto, mas o nome está escrito de maneira muito indistinta no manuscrito, que é difícil de decifrar. Em outra cópia da Clavícula está escrito Iroe Grecis, mas penso que se trata de um erro.

- A não ser que peçamos a interpretação do Senhor, com lágrimas e súplicas, jamais chegaremos a este conhecimento.

Assim, quando cada um deles havia se retirado para sua cama, Iohé, de fato levando sua face a terra, começou a chorar e, batendo em seu peito, disse:

- O que eu mereci (acima dos outros), vendo que tantos homens não conseguem entender ou interpretar este conhecimento, mesmo que não haja uma coisa secreta na natureza que o Senhor tenha escondido de mim? Por conseguinte são estas palavras tão obscuras? Por conseguinte, sou eu tão ignorante?

E então, de joelhos, estendendo as mãos aos céus, ele disse:

- Ó Deus, o Criador de tudo, Tu que sabes todas as coisas, que deste tamanha sabedoria a Salomão, o filho do rei Davi; concede a mim, eu rogo a Ti, ó Pai Sagrado, Onipotente e Inefável, receber a virtude desta sabedoria, assim posso me tornar digno de Tua ajuda para obter o entendimento desta Clavícula dos Segredos.

E imediatamente ali apareceu para mim[2] o anjo do Senhor, dizendo:

- Lembra-te de que, se os segredos de Salomão parecem escondidos e obscuros a ti, o Senhor desejou que assim fosse, para que tal sabedoria não caia nas mãos de homens perversos; portanto, tu prometes a mim que não desejas que tamanho conhecimento chegue um dia a qualquer criatura viva, e que se a revelares a qualquer um, que ele saiba que precisa mantê-la para si mesmo, ou os segredos seriam profanados e não surtiriam efeito?

E Iohé respondeu:

- Eu prometo a ti que nada irei revelar (deles), salvo para a honra do Senhor, e com muita disciplina, para (pessoas) penitentes, reservadas e fiéis.

E então respondeu o anjo:

- Vai e lê a *Clavícula*, e as palavras que eram obscuras serão de todo a ti reveladas.

E, depois disso, o anjo ascendeu aos céus em uma chama de fogo.

---

2 No manuscrito está "mihi", provavelmente um lapso de "sobre ele", "ei".

Assim Iohé ficou satisfeito e, trabalhando com mente clara, entendeu o que o anjo do Senhor havia dito e percebeu que a Clavícula de Salomão havia mudado, de modo que parecia a ele bem clara em todas as partes. E Iohé entendeu que esta obra poderia cair nas mãos dos ignorantes, e disse:

- Conjuro aquele em cujas mãos este segredo possa chegar, pelo poder do Criador e de Sua sabedoria, que em tudo que ele possa, deseje, pretenda e faça, que este tesouro não caia nas mãos de um (ser) indigno, nem que seja revelado a qualquer insensato, ou a quem não tema Deus. Pois, se agir de outra maneira, peço a Deus que ele nunca seja digno de obter o efeito desejado.

E assim ele depositou a Clavícula preservada por Salomão na Arca de Marfim. Mas as palavras da Clavícula são as que se seguem, divididas em dois livros e apresentadas em ordem.

INTRODUÇÃO

Do manuscrito Lansdowne 1203, *As legítimas clavículas de Salomão*, traduzidas do hebraico para a língua latina pelo rabino Abognazar.

- Ó meu filho Roboão, vendo que de todas as ciências não há nenhuma mais útil que o conhecimento dos movimentos celestes, penso que é meu dever, estando perto da morte, deixar-te uma herança mais preciosa que todas as riquezas das quais desfrutei. E para que tu possas compreender como eu cheguei a este grau (de sabedoria), é necessário dizer-te que um dia, quando eu meditava sobre o poder do Ser Supremo, o anjo do Grandioso Deus apareceu em minha frente enquanto eu dizia: "Oh, como são maravilhosas as obras de Deus!". Subitamente eu contemplei, no fim de uma vista muito sombreada de árvores, uma luz na forma de uma estrela flamejante, que se dirigiu a mim com uma voz de trovejante:

- Salomão, Salomão, não fiques transtornado; o Senhor deseja satisfazer tua vontade dando a ti conhecimento do que te seja mais prazeroso. Eu te ordeno a perguntar a Ele o que desejas. Ao que, recuperando-me da surpresa, respondi ao anjo que, em acordo com a vontade do Senhor, eu desejava apenas o dom da sabedoria, e pela graça de Deus eu obtive também o gozo de todos os tesouros celestiais e o conhecimento de todas as coisas naturais.

É por esses meios, meu filho, que possuo todas as virtudes e riquezas das quais tu me vês gozar agora, e para que tu desejes estar atento a tudo que estou prestes a te relatar, e que possas reter com cuidado tudo o que irei te dizer, eu te asseguro que as graças do Grandioso Deus te serão familiares, e que as criaturas celestes e terrestres te serão obedientes, e uma ciência que funciona apenas pela força e pelo poder das coisas naturais, e pelos anjos que as governam, dos quais mais tarde te darei os nomes em ordem, os exercícios e empregos particulares aos quais eles são destinados, junto com os dias que eles presidem particularmente, para que tu possas chegar à realização de tudo que irás encontrar em meu testamento. Em tudo o que te prometo sucesso, contando que todo teu trabalho apenas atenda à honra de Deus, que me deu o poder de reger não só sobre as coisas terrenas, mas também as celestiais, ou seja, os anjos, dos quais posso dispor segundo minha vontade e obter deles serviços mui consideráveis.

Primeiro, é necessário que entendas que Deus, tendo feito todas as coisas para que elas fossem submetidas a Ele, desejou levar Suas obras à perfeição, criando uma que participasse do divino e do terreno, ou seja, o homem, cujo corpo é grosseiro e mundano, enquanto sua alma é espiritual e celestial; a ele Deus submeteu toda a terra e seus habitantes, e deu a ele meios para tornar familiares os anjos, como chamo aquelas criaturas celestiais que são destinadas algumas a regular os movimentos das estrelas, outros a habitar os elementos, outros a ajudar e dirigir os homens, outros ainda a cantar continuamente louvores ao Senhor. Tu poderás então, pelo uso dos selos e caracteres, torná-los familiares a ti, desde que não abuses do privilégio demandando deles coisas que são contrárias à sua natureza; pois maldito seja aquele que toma o nome de Deus em vão, e que usa para fins malignos o conhecimento e o bem com que Ele nos enriqueceu.

Eu te ordeno, meu filho, a gravar cuidadosamente em tua memória tudo que eu te digo, para que isso nunca te deixe. Se tu não pretendes usar os segredos que eu aqui te ensino para um bom propósito, eu te ordeno a antes jogar este testamento no fogo do que abusar do poder que terás de compelir os espíritos, pois te advirto de que os anjos beneficentes, cansados e aborrecidos por causa de tuas demandas ilícitas, para tua tristeza irão executar as ordens de Deus, assim como a todos que, com intenções malignas, abusariam dos segredos que Ele concedeu e revelou a mim. Não pense, no entanto, ó meu filho, que não te seria permitido lucrar com a boa fortuna e a felicidade que os espíritos divinos podem te trazer; pelo contrário, a eles dá grande prazer prover ao homem, pelo qual muitos desses espíritos têm grande apreço e afinidade, tendo Deus os destinado a preservar e guiar as coisas terrenas submetidas ao poder do homem.

Há diferentes tipos de espírito, de acordo com as coisas que eles presidem; alguns governam o céu empíreo; outros, o *primum mobile*; outros, o primeiro e segundo cristalinos; outros, o céu estrelado; há ainda os espíritos do céu de Saturno, que chamo de saturnianos, há espíritos joviais[1], marcianos, solares, venéreos[2], mercuriais e lunares, e há também (espíritos) nos elementos, assim como nos céus; há alguns na região flamejante, outros no ar, outros na água, e outros sobre a terra, todos podendo prestar serviços ao homem que tiver a boa fortuna de compreender sua natureza e saber como atraí-los.

Ademais, desejo que entendas que Deus destinou a cada um de nós um espírito, que nos vigia e toma cuidado de nossa preservação; eles se chamam gênios, que são elementais como nós, e mais dispostos a servir àqueles cujo temperamento está de acordo com o elemento que eles habitam; por exemplo, se fosses tu de um temperamento impetuoso, ou seja, sanguíneo, teu gênio seria impetuoso e submisso ao Império de Baël[3].

Além disso, há horários especiais reservados para a invocação desses espíritos, nos dias e horas em que eles têm poder e império absoluto. É por essa razão que verás, nos quadros a seguir, a qual planeta e a qual anjo cada dia e hora estão submetidos, junto com as cores que pertencem a eles, os metais, ervas, plantas, animais aquáticos, aéreos e terrestres e incensos adequados a cada um deles, assim como em qual quarto do universo eles pedem para serem invocados. Tampouco foram omitidos selos, conjurações, caracteres e letras divinas que pertencem a eles, por meio dos quais recebemos o poder de estabelecer empatia com esses espíritos.

---

1 N.d.T. Neste caso, o termo jovial se refere a quem é influenciado por Júpiter.

2 N.d.T. Relativo a Vênus.

3 N.d.T. Nome francês do demônio Baal.

QUADRO DAS HORAS PLANETÁRIAS

Domingo	Segunda-feira	Terça-feira	Quarta-feira	Horas do poente ao poente	Horas de meia-noite até meia-noite	Quinta-feira	Sexta-feira	Sábado
Mercúrio ☿	Júpiter ♃	Vênus ♀	Saturno ♄	8	1	Sol ☉	Lua ☽	Marte ♂
Lua ☽	Marte ♂	Mercúrio ☿	Júpiter ♃	9	2	Vênus ♀	Saturno ♄	Sol ☉
Saturno ♄	Sol ☉	Lua ☽	Marte ♂	10	3	Mercúrio ☿	Júpiter ♃	Vênus ♀
Júpiter ♃	Vênus ♀	Saturno ♄	Sol ☉	11	4	Lua ☽	Marte ♂	Mercúrio ☿
Marte ♂	Mercúrio ☿	Júpiter ♃	Vênus ♀	12	5	Saturno ♄	Sol ☉	Lua ☽
Sol ☉	Lua ☽	Marte ♂	Mercúrio ☿	1	6	Júpiter ♃	Vênus ♀	Saturno ♄
Vênus ♀	Saturno ♄	Sol ☉	Lua ☽	2	7	Marte ♂	Mercúrio ☿	Júpiter ♃
Mercúrio ☿	Júpiter ♃	Vênus ♀	Saturno ♄	3	8	Sol ☉	Lua ☽	Marte ♂
Lua ☽	Marte ♂	Mercúrio ☿	Júpiter ♃	4	9	Vênus ♀	Saturno ♄	Sol ☉
Saturno ♄	Sol ☉	Lua ☽	Marte ♂	5	10	Mercúrio ☿	Júpiter ♃	Vênus ♀
Júpiter ♃	Vênus ♀	Saturno ♄	Sol ☉	6	11	Lua ☽	Marte ♂	Mercúrio ☿
Marte ♂	Mercúrio ☿	Júpiter ♃	Vênus ♀	7	12	Saturno ♄	Sol ☉	Lua ☽
Sol ☉	Lua ☽	Marte ♂	Mercúrio ☿	8	1	Júpiter ♃	Vênus ♀	Saturno ♄
Vênus ♀	Saturno ♄	Sol ☉	Lua ☽	9	2	Marte ♂	Mercúrio ☿	Júpiter ♃
Mercúrio ☿	Júpiter ♃	Vênus ♀	Saturno ♄	10	3	Sol ☉	Lua ☽	Marte ♂
Lua ☽	Marte ♂	Mercúrio ☿	Júpiter ♃	11	4	Vênus ♀	Saturno ♄	Sol ☉
Saturno ♄	Sol ☉	Lua ☽	Marte ♂	12	5	Mercúrio ☿	Júpiter ♃	Vênus ♀
Júpiter ♃	Vênus ♀	Saturno ♄	Sol ☉	1	6	Lua ☽	Marte ♂	Mercúrio ☿
Marte ♂	Mercúrio ☿	Júpiter ♃	Vênus ♀	2	7	Saturno ♄	Sol ☉	Lua ☽
Sol ☉	Lua ☽	Marte ♂	Mercúrio ☿	3	8	Júpiter ♃	Vênus ♀	Saturno ♄
Vênus ♀	Saturno ♄	Sol ☉	Lua ☽	4	9	Marte ♂	Mercúrio ☿	Júpiter ♃
Mercúrio ☿	Júpiter ♃	Vênus ♀	Saturno ♄	5	10	Sol ☉	Lua ☽	Marte ♂
Lua ☽	Marte ♂	Mercúrio ☿	Júpiter ♃	6	11	Vênus ♀	Saturno ♄	Sol ☉
Saturno ♄	Sol ☉	Lua ☽	Marte ♂	7	12	Mercúrio ☿	Júpiter ♃	Vênus ♀

QUADRO DOS NOMES MÁGICOS DAS HORAS E DOS ANJOS QUE AS GOVERNAM, COMEÇANDO DA PRIMEIRA HORA APÓS A MEIA-NOITE DE CADA DIA E TERMINANDO NA MEIA-NOITE SEGUINTE.

Horas	Domingo	Segunda-feira	Terça-feira	Quarta-feira	Quinta-feira	Sexta-feira	Sábado
1 Yayn	Rafael	Sachiel	Anael	Cassiel	Miguel	Gabriel	Zamael
2 Yanor	Gabriel	Zamael	Rafael	Sachiel	Anael	Cassiel	Miguel
3 Nasnia	Cassiel	Miguel	Gabriel	Zamael	Rafael	Sachiel	Anael
4 Salla	Sachiel	Anael	Cassiel	Miguel	Gabriel	Zamael	Rafael
5 Sadedali	Zamael	Rafael	Sachiel	Anael	Cassiel	Miguel	Gabriel
6 Thamur	Miguel	Gabriel	Zamael	Rafael	Sachiel	Anael	Cassiel
7 Ourer	Anael	Cassiel	Miguel	Gabriel	Zasnael	Rafael	Sachiel
8 Thainé	Rafael	Sachiel	Anael	Cassiel	Miguel	Gabriel	Zamael
9 Neron	Gabriel	Zamael	Rafael	Sachiel	Anael	Cassiel	Miguel
10 Yayon	Cassiel	Miguel	Gabriel	Zamael	Rafael	Sachiel	Anael
11 Abai	Sachiel	Anael	Caiel	Miguel	Gabriel	Zamael	Rafael
12 Nathalon	Zamael	Rafael	Sachiel	Anael	Cassiel	Miguel	Gabriel
1 Beron	Miguel	Gabriel	Zamael	Rafael	Sachiel	Anael	Cassiel
2 Barol	Anael	Cassiel	Miguel	Gabriel	Zamael	Rafael	Sachiel
3 Thanu	Rafael	Sachiel	Anael	Cassiel	Miguel	Gabriel	Zamael
4 Athor	Gabriel	Zamael	Rafael	Sachiel	Anael	Cassiel	Miguel
5 Mathon	Cassiel	Miguel	Gabriel	Zamael	Rafael	Sachiel	Anael
6 Rana	Sachiel	Anael	Cassiel	Miguel	Gabriel	Zamael	Rafael
7 Netos	Zamael	Rafael	Sachiel	Anael	Cassiel	Miguel	Gabriel
8 Tafrac	Miguel	Gabriel	Zamael	Rafael	Sachiel	Anael	Cassiel
9 Sassur	Anael	Cassiel	Miguel	Gabriel	Zamael	Rafael	Sachiel
10 Agla	Rafael	Sachiel	Anael	Cassiel	Miguel	Gabriel	Zamael
11 Cäerra	Gabriel	Zamael	Rafael	Sachiel	Anael	Cassiel	Miguel
12 Salam	Cassiel	Miguel	Gabriel	Zamael	Rafael	Sachiel	Anael

QUADRO DOS ARCANJOS, ANJOS, METAIS, DIAS DA SEMANA E CORES ATRIBUÍDOS A CADA PLANETA

Dia	Sábado	Quinta-feira	Terça-feira	Domingo	Sexta-feira	Quarta-feira	Segunda-feira
Arcanjo	Tzaphqiel	Tzadiqel	Khaniael	Rafael	Haniel	Miguel	Gabriel
Anjo	Cassiel	Sachiel	Zamael	Miguel	Anael	Rafael	Gabriel
Planeta	Saturno	Júpiter	Marte	Sol	Vênus	Mercúrio	Lua
Metal	Chumbo	Estanho	Ferro	Ouro	Cobre	Mercúrio	Prata
Cor	Preto	Azul	Vermelho	Amarelo	Verde	Púrpura ou cores mescladas	Branco

Observação – Estes quadros foram cotejados e comparados com vários exemplos manuscritos e impressos. Eles devem ser usados desta maneira: supondo que o estudante deseje descobrir as propriedades da hora entre 12 h e uma da tarde em uma terça-feira, ele deve olhar o "Quadro das horas planetárias" e, tendo encontrado a hora marcada como 1 na coluna intitulada "Horas de meia-noite até meia-noite", ele encontrará na coluna "Horas do poente ao poente", na mesma linha, o número 8, mostrando ser a oitava hora do dia; na coluna "Terça-feira" está Marte, mostrando que está sob o domínio daquele planeta. Ao consultar o "Quadro dos nomes mágicos das horas etc.", ele verá sob o número 1 o nome Beron e, na coluna "Terça-feira", o nome Zamael na mesma linha, mostrando que essa hora é regida por este anjo, cujo nome mágico é Beron. Ao checar o terceiro quadro, ele irá constatar que terça-feira está sob a regência do planeta Marte, cujo arcanjo é Khamael, o anjo é Zamael, o metal é o ferro, a cor, vermelha. Do mesmo modo, ele verá que a hora de 10 h até 11h no sábado é a sexta hora da noite, sob o domínio do Sol, cujo nome mágico é Caërra, e que é regida pelo arcanjo Miguel; enquanto o sábado em si está sob o domínio do arcanjo Tzaphqiel, do anjo Cassiel, do planeta Saturno, e que o metal chumbo e a cor preta são aplicáveis a ela.

O texto a seguir foi extraído dos seguintes manuscritos, cotejados e comparados: Sloane 1307; Sloane 3091; Harleian 3981; Add. 10862; King's 288; e Lansdowne 1202.

Também há extratos do manuscrito Lansdowne 1203, que difere consideravelmente dos outros em sua organização, embora contenha material muito similar.

Nos casos em que os manuscritos mostraram variações, selecionei a versão que me pareceu mais provavelmente correta, em alguns casos mencionando as variantes em notas de rodapé. Também corrigi, sempre que possível, os nomes hebraicos nos encantamentos, pois em alguns casos estavam tão desfigurados que mal podiam ser reconhecidos, como, por exemplo, *Zenard* no lugar de *Tzabaoth* etc.

Livro I

CAPÍTULO 1

A respeito do amor divino que deve preceder a aquisição deste conhecimento.

Salomão, filho de Davi, rei de Israel, disse que o início de nossa *Clavícula* é temer Deus, adorá-Lo, honrá-Lo com o coração contrito, invocá-Lo[1] para tudo que se deseja empreender, e operar com imensa devoção, pois assim Deus nos guiará pelo caminho certo. Quando, então, desejares adquirir o conhecimento das ciências e artes mágicas, é necessário que tenhas preparado a ordem das horas e dos dias, e da posição da Lua, pois, sem ela, nada conseguirás; mas se observares esses pontos, deves conseguir inteira e facilmente o efeito e a finalidade que desejas obter.

---

1 O manuscrito Lansdowne omite a conclusão desta sentença.

CAPÍTULO 2

Sobre os dias, as horas e as virtudes dos planetas.

Quando[2] desejares fazer qualquer experimento ou operação, deves primeiro preparar com antecedência todos os requisitos que encontrarás nos capítulos que se seguem, observando os dias, as horas e outros efeitos das constelações que podem ser encontrados neste capítulo.

Assim é, portanto, aconselhável saber que as horas do dia e da noite somam 24 no total, e que cada hora é governada por um dos sete planetas em ordem regular, começando pelo mais alto descendendo até o mais baixo. A ordem dos planetas é a que se segue: ShBThAi, Shabbathai, Saturno; abaixo está TzDQ, Tzedeq, Júpiter; depois, MADIM, Madim, Marte; segue-se ShMSh, Shemesh, o Sol; abaixo, NVGH, Nogah, Vênus; a seguir, KVKB, Kokav, Mercúrio; sob este, LBNH, Levanah, a Lua, que é o mais baixo de todos os planetas.

É preciso, assim, que seja entendido que os planetas têm seus domínios sobre o dia que mais se aproxima do nome que é dado e atribuído a ele, como sábado, Saturno; quinta-feira, Júpiter; terça-feira, Marte; domingo, o Sol; sexta-feira, Vênus; quarta-feira, Mercúrio; e segunda-feira, a Lua.

A regência dos planetas sobre cada hora tem início na aurora, no raiar do sol do dia que leva o nome dele, e o que se segue em ordem sucede o comando da próxima hora. Dessa maneira, (no sábado) Saturno rege a primeira hora; Júpiter, a segunda; Marte, a terceira; o Sol, a quarta; Vênus, a quinta; Mercúrio, a sexta; a Lua, a sétima; Satur-

2 O primeiro parágrafo foi omitido dos manuscritos Sloane 1307 e Add. 10862.

no retorna na oitava, e os outros em seus turnos, os planetas sempre mantendo a relativa ordem.

Nota que cada experimento ou operação mágica deve ser feito sob o planeta, e, em geral, a hora, que se referir a ele. Por exemplo: nos dias e horas de Saturno poderás realizar experimentos para convocar as almas de Hades, mas apenas aquelas que morreram de morte natural. Similarmente, nesses dias e horas poderás fazer operações para trazer boa ou má fortuna a construções; para teres espíritos familiares velando teu sono; causar bom ou mau resultado em negócios; possessões, bens, sementes, frutas e coisas similares, com o objetivo de adquirir erudição; para acarretar destruição, morte e semear ódio e discórdia.

Os dias e as horas de Júpiter são próprios para obter honras, riquezas, fazer amizades, preservar a saúde e obter tudo que possas desejar.

Nos dias e nas horas de Marte poderás fazer experimentos relativos a guerras, alcançar honras militares, adquirir coragem, além de derrotar inimigos e causar ruína, matança, crueldade, discórdia, ferir e trazer a morte.

Os dias e as horas do Sol são muito propícios para aprimorar experimentos relacionados à riqueza temporária, esperança, ganho, fortuna, divinação, o favor de príncipes, dissolver sentimentos hostis e fazer amigos.

Os dias e as horas de Vênus são bons para formar amizades; para bondade e amor; empreitadas agradáveis e jubilosas; e para viagens.

Os dias e as horas de Mercúrio são apropriados para operações para eloquência e inteligência; presteza nos negócios; ciência e divinações; deslumbramento; aparições; e respostas a respeito do futuro. Podes ainda operar sob este planeta em questões relacionadas a roubos, escrita, fraudes e mercadorias.

Os dias e as horas da Lua são apropriados para embaixaturas; viagens; enviados; mensagens; navegação; reconciliação; amor e a aquisição de mercadorias por água[3].

Deves tomar cuidado em observar precisamente todas as instruções contidas neste capítulo se desejas obter sucesso, percebendo que a verdade da ciência mágica depende disso.

---

3 Muitas das instruções precedentes são omitidas no manuscrito Add. 10862; mas dadas de maneira diferente nos parágrafos que se seguem.

As horas de Saturno, Marte e da Lua são igualmente propícias para comunicação e falar com espíritos, assim como as de Mercúrio o são para recuperar roubos por meio deles.

As horas de Marte servem para convocar almas do Hades[4], especialmente as daqueles que foram assassinados em batalha.

As horas do Sol, de Júpiter e de Vênus são aptas para preparar quaisquer operações de amor, bondade e de invisibilidade, como será doravante mostrado de maneira mais completa, ao que serão adicionadas coisas de natureza similar contidas em nosso trabalho.

As horas de Saturno e Marte e também os dias em que a Lua está em conjuntura[5] com eles, ou quando está em oposição ou aspecto quartílico com estes planetas, são excelentes para experimentos de ódio, inimizade, discussões e discórdia[6] e outras operações da mesma natureza que serão dadas mais tarde nesta obra.

As horas de Mercúrio são boas para empreender experimentos relacionados a jogos, gracejos, chistes, esportes e similares.

As horas do Sol, de Júpiter e de Vênus, particularmente nos dias regidos por eles, são adequadas para todas as operações extraordinárias, incomuns e desconhecidas.

As horas da Lua são apropriadas para testar experimentos relacionados com a recuperação de bens roubados; obtenção de visões noturnas; conjurar espíritos durante o sono e preparar qualquer coisa referente à água.

As horas de Vênus são ademais úteis para venenos; prever a sorte; tudo que é da natureza do planeta; para preparar pós que provocam loucura e coisas do gênero.

Mas, para obter efeito total nas operações desta arte, deves levá-las a cabo não apenas nas horas, mas nos dias dos planetas também, pois o experimento sempre terá um melhor resultado, desde que observes as regras colocadas adiante, pois, se omitires uma simples condição, jamais obterás a realização da arte.

---

4 Em francês, *des enfers*; em latim, *inferis*.

5 Conjunção significa estar no mesmo grau do Zodíaco; oposição é estar a 180 graus, e quartil, a 90 graus de distância.

6 N.d.T. Joseph H. Peterson aponta em seu livro que o termo em latim *lis/litis* também significa ação legal ou litígio.

Para as questões que se referem à Lua, como a invocação de espíritos, os trabalhos de necromancia e a recuperação de bens roubados, é necessário que ela esteja em um signo da terra: Touro, Virgem ou Capricórnio.

Para amor, graça ou invisibilidade, a Lua deverá estar em um signo do fogo, ou seja, Áries, Leão ou Sagitário.

Para ódio, discórdia e destruição, a Lua precisa estar em um signo da água - Câncer, Escorpião ou Peixes.

Para experimentos de natureza peculiar, que não podem ser encaixados em nenhuma classificação certa, a Lua deverá estar em um signo do ar, ou seja, Gêmeos, Libra ou Aquário.

Mas se essas coisas te parecerem difíceis de conseguir, será suficiente notares a Lua após sua combustão, ou em conjunção com o Sol, especialmente quando ela não é atingida[7] por seus raios e aparece visível. Esta condição é favorável para todos os experimentos para a construção e a operação de qualquer matéria. É por isso que o período da Lua nova até a cheia é apropriado para qualquer um dos experimentos dos quais falamos antes. Mas quando ela está decrescendo, ou minguante, é bom para guerra, distúrbios e discórdia. Da mesma maneira, o período em que ela está quase desprovida de luz é apropriado para experimentos de invisibilidade e morte.

Mas observa de maneira inviolável que não comeces nada quando a Lua está em conjunção com o Sol, percebendo que isso é extremamente desventurado e não conseguirás nenhum efeito; mas se a Lua está deixando os raios solares e aumentando em luz, poderás realizar tudo que desejares, levando em conta, não obstante, as instruções neste capítulo.

Ademais, se desejas confabular com espíritos, deverá ser especialmente no dia de Mercúrio e em sua hora, com a Lua em um signo do ar[8], assim como o Sol.

Recolhe-te[9] a um lugar secreto onde ninguém possa te ver ou te interromper antes do final do experimento, desejes tu trabalhar de

---

7 Lua nova.

8 No manuscrito Add. 10862: "ou em um signo da terra, como dito anteriormente".

9 Os parágrafos seguintes no final deste capítulo se encontram apenas na versão em latim do manuscrito Add. 10862.

dia ou à noite. Mas se desejares trabalhar à noite, aperfeiçoa teu trabalho na noite subsequente; se preferires o dia, notando que ele começa com o levantar do Sol, (aprimora teu trabalho) no dia seguinte. Mas a hora da incoação é a hora de Mercúrio.

Em verdade, já que os experimentos para falar com espíritos não podem ser feitos sem a preparação de um círculo, qual seja o experimento que desejas realizar com este fim, terás de aprender a construir certo círculo particular; uma vez feito, o rodeies com um círculo da arte para maior precaução e eficácia.

CAPÍTULO 3

A respeito das artes.

Se desejares obter êxito, é necessário fazer os seguintes experimentos e artes nos dias e horas apropriados, com as solenidades e cerimônias requisitadas contidas e expostas nos capítulos seguintes.

Experimentos, por conseguinte, são de dois tipos: o primeiro é para testar o que, como eu disse anteriormente, pode ser executado facilmente sem um círculo, e neste caso não é necessário observar nada além do que encontrarás nos capítulos adequados. O segundo não pode de maneira alguma ser aperfeiçoado sem o uso do círculo; e, a fim de realizá-lo perfeitamente, é preciso tomar notas de todas as preparações que o Mestre da Arte e seus discípulos devem fazer antes de construir o círculo[10].

Antes de iniciar as operações, tanto o mestre quanto seus discípulos deverão abster-se com rigorosa continência, no espaço de nove dias, de prazeres sexuais e de conversas vãs e tolas, como aparece claramente no Livro II, capítulo 4. Após terem se passado seis destes noves dias, ele deve recitar frequentemente as rezas e confissões como serão ditas a ele; e, no sétimo dia, estando o mestre sozinho, que ele entre em um espaço secreto, retire suas vestes e se banhe da cabeça aos pés em água consagrada e exorcizada, recitando humildemente a prece "Ó Senhor Adonai" etc., como está escrito no Livro II, capítulo 2.

Após o fim da prece, o mestre irá deixar a água e colocar sobre sua carne traje de linho branco limpo e sem manchas; e então deve ir com seus discípulos a um lugar secreto e comandá-los a ficarem nus; tendo eles tirado suas vestes, que ele tome água exorcizada e despeje sobre

10 O manuscrito Sloane 3091 diz "antes que venham ao círculo".

suas cabeças, para que ela flua até seus pés e os banhe completamente; enquanto derrama a água sobre eles, o mestre deverá dizer: "Sejam regenerados, lavados e puros" etc., como consta no Livro II, capítulo 3.

Depois disso[11], os discípulos devem se vestir, colocando sobre a carne, como o mestre, vestes de linho branco limpo e sem manchas; e, nos últimos três dias, o mestre e seus discípulos devem jejuar, observando as solenidades e rezas marcadas no Livro II, capítulo 2.

Nota que esses últimos dias devem ter clima calmo, sem vento ou nuvens correndo para lá e para cá sobre a face do céu. No último dia, o mestre irá com seus discípulos a uma fonte secreta de água corrente, ou riacho, e ali eles devem, após retirarem suas roupas, lavarem-se com a devida solenidade, conforme consta no Livro II. E quando estiverem limpos e purificados, cada um deles colocará um vestuário de linho branco, limpo e puro, utilizando as rezas e cerimônias descritas no Livro II. Depois disso, o mestre, sozinho, dirá a confissão. Então ele, em sinal de penitência, beijará[12] os discípulos na testa, e cada um deles deve beijar o outro. Em seguida, o mestre deve estender suas mãos sobre os discípulos em sinal de indulgência e absolvê-los e abençoá-los; isso feito, ele distribuirá entre eles os instrumentos necessários para a arte mágica que irá levar a cabo dentro do círculo.

O primeiro discípulo deve carregar o incensário, os perfumes e as especiarias; o segundo, o livro, papéis, canetas, tinta e qualquer material malcheiroso ou impuro; o terceiro deverá carregar a faca e a foice[13] da arte mágica, a lanterna e as velas; o quarto, os *Salmos* e o resto dos instrumentos; o quinto, o cadinho ou rescaldeiro, o carvão e o combustível; mas é preciso que o mestre em si leve em suas mãos o bastão e a vara ou cajado. Tendo essas coisas sido necessariamente assim dispostas, o mestre irá com seus discípulos até o lugar designado, onde se propuseram construir o círculo para as artes mágicas e experimentos; repetindo durante o trajeto as preces e orações que encontrarás no Livro II.

Quando o mestre chegar ao local com seus discípulos, tendo ele iniciado a chama do fogo e a exorcizado como está no Livro II,

---

11 Este parágrafo é omitido do manuscrito Lansdowne 1202.

12 Note o "beijo santo" no Novo Testamento: "Saúdem-se com um beijo santo".

13 De acordo com Joseph H. Peterson, aqui Mathers segue um erro presente em alguns manuscritos, a tradução de um termo que significa "faca pena" por "foice".

ele acenderá a vela e a colocará na lanterna, que um dos discípulos precisa levar sempre em sua mão para iluminá-lo em seu trabalho. Agora, o Mestre da Arte, cada vez que tiver ocasião para falar com os espíritos por um propósito particular, irá se esforçar para formar certos círculos que apresentarão diferenças e levarão alguma referência ao experimento particular sob consideração. Para obter sucesso ao formar um círculo como no que concerne a arte mágica, para maior convicção e segurança, deves construí-lo da maneira a seguir.

A CONSTRUÇÃO DO CÍRCULO

Toma a faca, a foice[14] ou a espada da arte mágica consagrada da maneira como mostraremos no Livro II. Com a faca ou foice da arte deves inscrever, além do círculo interior que já deverás ter feito, o segundo círculo, englobando o outro a uma distância de um pé[15], tendo ambos o mesmo centro[16]. Dentro desse espaço de um pé entre a primeira e a segunda linhas das circunferências[17], deves marcar na direção dos quatro quadrantes[18] da Terra o símbolo sagrado e venerável da letra santa Tau[19]. E entre o primeiro e o segundo círculo[20], que deves tu desenhar com o instrumento da arte mágica, farás quatro pentáculos hexagonais[21], e entre eles escreverás quatro terríveis e tremendos nomes de Deus:

Entre o Leste e o Sul, o nome supremo IHVH, Tetragrammaton;

Entre o Sul e o Oeste, o nome essencial tetragramatico, AHIH, Eheieh;

Entre o Oeste e o Norte, o nome de poder ALIVN, Elion;

E entre o Norte e o Leste, o grande nome ALH, Eloah;

---

14 N.d.T. Mesmo caso da nota anterior.

15 N.d.T. 30,48 cm.

16 Ou seja, dois círculos contidos em três linhas circunferenciais.

17 Dentro do primeiro círculo.

18 Os quatro pontos cardeais da bússola.

19 A letra Tau representa a cruz, e, no manuscrito Add. 10862, no desenho do círculo, a letra hebraica é substituída pela cruz; no manuscrito Sloane 1307, pelo T ou cruz de Tau.

20 No círculo exterior, demarcado pela segunda e a terceira linha circunferencial.

21 O manuscrito Add. 10862 é o único que usa a palavra 'hexagonal', mas os outros mostram quatro hexagramas nos desenhos; no entanto, na gravura, Add. 10862 traz os hexagramas formados por vários entrelaçamentos diferentes de dois triângulos, conforme é mostrado na figura 2.

Tais nomes são de suprema importância na lista das sephiroth[22] e seus equivalentes soberanos.

Além disso, deves circunscrever os dois círculos com dois quadrados, cujos ângulos precisam estar voltados aos quatro pontos cardeais da terra; e o espaço entre as linhas dos quadrados interior e exterior deve ser de meio pé[23]. Os ângulos extremos do quadrado exterior se tornarão o centro de quatro círculos, cujo diâmetro será de um pé. Tudo isso precisa ser desenhado com a faca ou um instrumento consagrado da arte. E dentro desses quatro círculos escreverás esses quatro nomes de Deus, o mais santo, nesta ordem:

No Leste[24], AL, EI;

No Oeste, IH, Yah;

No Sul, AGLA, Agla;

E no Norte, ADNI, Adonaï.

Entre os dois quadrados, o nome Tetragrammaton deve ser escrito da mesma maneira mostrada na ilustração (veja figura 2).

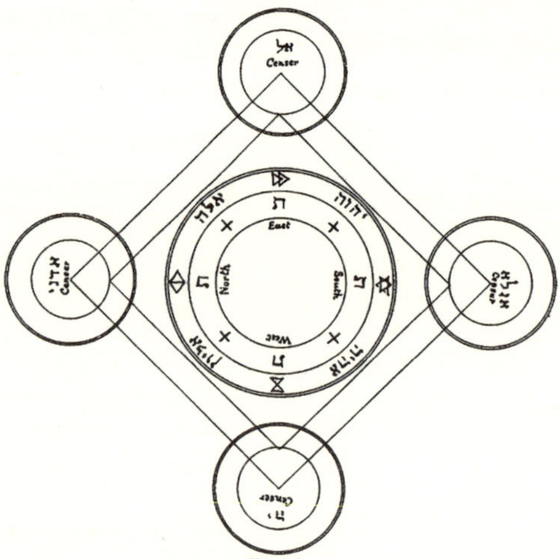

Figure 2.

22 As sephiroth são as dez Emanações Cabalísticas da Deidade. Os equivalentes soberanos são os nomes divinos a eles referidos. Ver meu livro *Kabbalah Unveiled.*

23 N.d.T. 15,24 cm.

24 Os manuscritos diferem no que diz respeito a qual ponto cada nome deve ser colocado, mas acredito que estes sejam os corretos.

Enquanto constrói o círculo, o mestre deve recitar os seguintes salmos: ii (2); liv (54); cxiii (113); lxvii (67); xlvii (47); lxviii (68).

Ou ele poderá também recitá-los antes de traçar o círculo.

Isso terminado, e tendo as fumigações sido feitas, como é descrito no capítulo sobre este item no Livro II, o mestre deve reunir seus discípulos, reencorajá-los, reafirmá-los, fortificá-los e conduzi-los às partes do círculo da arte, onde irá colocá-los nos quatro quadrantes da Terra, encorajá-los e exortá-los a nada temer e a manter-se nos lugares que lhes foram designados. Além disso, o discípulo colocado em direção ao Leste deverá portar caneta, tinta, papel, seda e algodão branco, todos limpos e apropriados para o trabalho. Cada um dos companheiros levará uma espada nova (além da espada mágica da arte, consagrada), mantendo a mão sobre o punho, e não deverá sob nenhum pretexto abandonar o lugar designado a ele, ou mover-se dali.

Depois disso, o mestre sairá do círculo, acenderá o combustível nos cadinhos de barro, e colocará sobre eles os incensários, nos quatro quadrantes da Terra; e deverá levar uma vela fina consagrada, que acenderá e colocará em um lugar secreto preparado para isso. Ele então irá reentrar e fechar o círculo.

O mestre deve exortar novamente seus discípulos, e explicar a eles o que devem fazer e observar, quais comandos irão prometer e jurar executar.

O mestre então repetirá esta prece:

PRECE

Quando aqui entramos com toda humildade, que Deus o Todo-Poderoso entre neste círculo, pela passagem de felicidade eterna, prosperidade divina, perfeito contentamento, caridade copiosa e saudação eterna. Que todos os demônios deixem este lugar, especialmente os que se opõem a este trabalho, e que os anjos da paz auxiliem e protejam este círculo, e que dele discórdia e contendas saiam e partam. Santifica, ó Senhor Nosso Deus, nossa humilde entrada aqui, Tu abençoado e sagrado das eras eternas. Amém.

Então o mestre deverá dizer, de joelhos:

PRECE

Ó Senhor Deus, Todo-Poderoso e Todo-Misericordioso, Tu que não desejas a morte de um pecador, mas que ele deixe a perversidade e viva; dá-nos e concede-nos Tua graça, ao abençoar e consagrar esta terra e este círculo, marcado com os mais poderosos e sagrados nomes de Deus. E tu, eu conjuro, ó Terra, pelo mais sagrado nome de ASHER EHEIEH entrando neste círculo, composto e feito por minha mão. E que Deus, igualmente ADONAI, abençoe este lugar com todas as virtudes do céu, para que nenhum espírito obsceno e impuro tenha o poder de entrar neste círculo ou aborrecer qualquer pessoa dentro dele; pelo Senhor Deus ADONAI, que vive eternamente pelas eras das eras. Amém.

Eu rogo a Ti, ó Senhor Deus, o Todo-Poderoso e Todo-Misericordioso, que te dignes a abençoar este círculo e todo este lugar e todas as pessoas dentro dele; e que Tu concedas a nós, que Te servimos e praticamos nada além das maravilhas de Tua lei, um bom anjo ou guardião; removas de nós cada poder adverso; preserves-nos do mal e das dificuldades; conceda-nos, ó Senhor, que permaneçamos neste lugar com toda segurança, por meio de Ti, Ó Deus, que vive e reina pelas eras e eras. Amém.

O mestre agora se levanta e coloca em sua cabeça uma coroa feita de papel[25] (ou qualquer outra substância apropriada), na qual deverão estar escritos (com cores e outras coisas necessárias que serão descritas mais adiante) estes quatro nomes: AGLA, AGLAI, AGLATA, AGLATAI. Tais nomes serão colocados na frente, atrás e em cada lado da cabeça.

Além disso, o mestre terá com ele no círculo os pentáculos ou medalhas necessários para este propósito, que serão descritos posteriormente, e que precisam ser consagrados de acordo com as regras dadas no capítulo dos pentáculos. Estes necessitam ser feitos em papel virgem com uma caneta e tinta, sangue ou cores, preparados da maneira que descreveremos no capítulo sobre esses assuntos. Será suficiente que se usem apenas os pentáculos de fato necessários, e estes

25 N.d.T. Peterson nota, em seu livro, que Mathers aqui indica apenas "papel", de acordo com o manuscrito King's 288, mas que outros manuscritos registram "papel virgem".

devem ser costurados na frente de um robe de linho, no peito, com a agulha consagrada da arte, e com uma linha fiada por uma menina.

Depois disso, que o mestre se volte em direção ao quadrante oriental (a não ser que seja instruído a fazer o contrário ou que deseje conjurar espíritos que pertencem a outro quadrante do universo), e pronuncie com voz alta a conjuração contida neste capítulo. E se os espíritos forem desobedientes e não se mostrarem, ele deve se levantar e tomar a faca da arte exorcizada com a qual construiu o círculo, erguê-la em direção ao céu, como se desejasse golpear ou atingir o ar, e conjurar os espíritos. Que ele coloque sua mão direita e a faca sobre os pentáculos ou medalhas construídos de papel virgem e nele inscritos, que estão presos ou costurados sobre seu peito, e repita, de joelhos, a conjuração a seguir.

CONJURAÇÃO

Ó Senhor, escuta minha prece, e deixa que meu grito chegue a Ti. Ó Senhor Todo-Poderoso, que reinaste antes do início dos tempos, e que, por Tua sabedoria infinita, criaste os céus, a terra e o mar, e tudo que neles existe, tudo que é visível, e tudo que é invisível, com uma simples palavra; eu Te louvo, Te abençoo, Te adoro e Te glorifico, e rogo a Ti agora que no tempo presente sejas misericordioso comigo, um miserável pecador, pois sou o trabalho de Tuas mãos. Que Tu me salves e me dirijas por Teu santo nome, Tu para quem nada é difícil, nada é impossível, e que me libertes da noite da minha ignorância, e me permitas seguir em frente. Ilumina-me com uma centelha de Tua sabedoria infinita. Tira de meus sentidos o desejo de cobiça e a iniquidade de minhas palavras vãs. Concede a mim, Teu servo, um coração sábio, penetrante e sutil para adquirir e compreender todas as ciências e artes; dá-me capacidade de escutar e força de memória para retê-las, para que eu possa conquistar meus desejos e entender e aprender todas as ciências difíceis e desejáveis; e para que também possa compreender os segredos escondidos das Sagradas Escrituras. Dá-me a virtude para concebê-las, para que eu possa criar e pronunciar minhas palavras com paciência e humildade, para a instrução de outros, como Tu me ordenaste.

Ó Deus pai Todo-Poderoso e Todo-Misericordioso, Tu que criaste todas as coisas, que as conheces e as concebes universalmente, e a quem nada está escondido, nada é impossível, eu suplico Tua graça a mim e aos Teus servos, pois Tu vês e sabes bem que não fazemos este trabalho para tentar Tua força e Teu poder, como se em dúvida, mas

> com o propósito de conhecer e entender a verdade de todas as coisas ocultas. Eu Te imploro que tenhas a bondade de nos ser favorável; por Teu esplendor, Tua magnificência, e Tua santidade, e por Teu santo, terrível e inefável nome IAH, perante o qual todo o mundo treme, e pelo medo do qual todas as criaturas Te obedeçam. Concede, ó Senhor, que possamos nos tornar receptivos à Tua graça, para que por meio dela tenhamos total conhecimento e confiança em Ti, e que os espíritos possam se desvelar aqui em nossa presença, e que os gentis e pacíficos venham até nós, para que assim sejam obedientes aos Teus comandos, por meio de Ti, ó mais sagrado ADONAI, cujo reino é perpétuo, e cujo império persiste pelas eras das eras. Amém.

Após dizer todas essas palavras com devoção, o mestre se levantará e colocará suas mãos sobre os pentáculos, e um dos companheiros irá segurar o livro aberto em frente a ele, que, levantando os olhos ao céu e se voltando aos quatro quadrantes do universo, deverá dizer:

Ó Senhor, sê para mim uma torre de fortaleza contra a aparição e ataques de espíritos malignos.

Depois disso, voltando-se aos quatro quadrantes do universo, ele deve dizer as seguintes palavras:

> Sejam estes os símbolos e os nomes do Criador, que podem trazer terror e medo sobre vós. Obedecei-me então, pelo poder desses nomes santos e por esses símbolos misteriosos do segredo dos segredos.

Após isso ser feito e dito, deverás vê-los chegando e se aproximando de todas as partes. Mas se eles estiverem impedidos, detidos ou ocupados de modo que não podem vir, ou se não desejam vir, então, tendo a sufumigação e o incensamento sido novamente realizados, e (os discípulos) novamente, por ordem especial, tocado suas espadas, e o mestre encorajado seus companheiros, ele deverá refazer o círculo com a faca da arte, e levantá-la como se quisesse golpear o céu com ela. Depois disso, ele colocará sua mão sobre os pentáculos, e tendo dobrado seus joelhos diante do Altíssimo, repetirá com humildade a confissão a seguir; o que os discípulos também devem fazer, com voz humilde e baixa, de modo que mal possa ser ouvida[26].

26 De modo que não interfira nas correntes de determinação do mestre.

CAPÍTULO 4

A confissão a ser feita pelo exorcista.

CONFISSÃO

Ó Senhor do Céu e da Terra, diante de Ti confesso e lamento meus pecados, lançado ao chão e submisso diante de Tua presença. Pois eu pequei diante de Ti por orgulho, avareza e desejo ilimitado de honras e riquezas; por indolência, gula, cobiça, devassidão e embriaguez; pois a Ti ofendi por todos os tipos de pecados da carne, adultério e profanidade, que cometi eu mesmo e que consenti que outros cometessem; por sacrilégios, roubos, rapinagem, violação e homicídio; pelo uso vil que fiz de minhas possessões, por minha prodigalidade, pelos pecados que cometi contra a esperança e a caridade, por meus maus conselhos, adulações, suborno e a má distribuição que fiz dos bens que possuí; pela repulsa e maus-tratos aos pobres, pela distribuição que fiz dos bens sob meus cuidados, por afligir aqueles que estavam sob minha autoridade, por não visitar prisioneiros, por deprivar os mortos de sepultamento, por não receber os pobres nem alimentar os famintos ou dar de beber aos sedentos; por nunca guardar o Sabbath e outras festas religiosas, por não ter vivido de modo casto e devoto naqueles dias, pelo consentimento fácil que dei aos que me incitaram a atos vis, por prejudicar em vez de ajudar os que me pediram socorro, por me recusar a ouvir os gritos dos pobres, por não respeitar os idosos, por não manter minha palavra, por desobediência aos meus pais, por ingratidão aos que me ofereceram bondade, pela indulgência em prazeres sensuais, por comportamento irreverente no templo de Deus, pelos atos inapropriados e por ali entrar sem reverência, por discurso vão e improdutivo quando lá estava, por desprezar os vasos sagrados do templo, por ridicularizar as cerimônias santas, por tocar e comer o pão sagrado com lábios impuros e mãos profanas e por negligenciar minhas preces e adorações.

Abomino ainda os crimes que cometi por pensamentos maléficos, meditações vãs e impuras, falsas suspeitas e julgamentos precipitados, pelo consentimento maligno que prontamente dei ao conselho dos perversos, pela luxúria por prazeres impuros e sensuais; por minhas palavras vãs, minhas mentiras e enganações; por meus votos falsos em diversas maneiras, e por minhas constantes calúnias e difamações.

Também abomino os crimes que cometi internamente; a deslealdade e discórdia que incitei; minha curiosidade, ganância, falsas palavras, violência, maldições, maledicências, blasfêmias, palavras vãs, insultos, dissimulações; meus pecados contra Deus pela transgressão dos Dez Mandamentos, por negligenciar minhas responsabilidades e obrigações, e pela falta de amor por Deus e pelo próximo.

Ademais, abomino os pecados que cometi por todos os meus sentidos, pela visão, pela audição, pelo gosto, pelo olfato e pelo tato, em toda maneira que a fraqueza humana pode ofender o Criador; por meus pensamentos, atos e meditações carnais.

No que humildemente confesso que pequei, e reconheço ser, na visão de Deus, o mais criminoso de todos os homens.

Eu me acuso diante de Ti, ó Senhor, e Te adoro com toda humildade. Anjos santos e crianças de Deus, diante de vossa presença faço públicos os meus pecados, para que meu inimigo não tenha vantagem sobre mim e não possa me acusar no último dia; que ele não possa dizer que eu escondi meus pecados, e que eu não seja acusado na presença do Senhor, mas, pelo contrário, que por minha causa haja júbilo no céu, como os justos que confessaram seus pecados em tua presença.

Ó Todo-Poderoso Pai, concede por Tua misericórdia infinita que eu possa ver e conhecer todos os espíritos que invoco, assim que por eles possa ver meus desejos e vontades realizados, por Tua grandeza soberana e por Tua glória eterna e inefável, Tu que és e sempre serás o Pai puro e inefável de todos.

Após a confissão ter sido feita com grande humildade e com sentimento interno no coração, o mestre deve recitar a prece a seguir.

PRECE

Ó Senhor Todo-Poderoso, Deus eterno e pai de todas as criaturas, derrama sobre mim a divina influência de Tua piedade, pois sou Tua criatura. Eu te imploro que me defendas de meus inimigos e que me confirmes em fé verdadeira e resoluta.

Ó Senhor, eu confio a Ti meu corpo e minha alma, colocando minha confiança em ninguém além de Ti, é somente em Ti que acredito; ó Senhor meu Deus, ajuda-me; ó Senhor, escuta-me nos dias e horas nas quais Te invoco. Eu rogo a Ti que por Tua misericórdia não me deixes no esquecimento, ou me removas de Ti. Ó Senhor, sê meu socorro, Tu que és o Deus de minha salvação. Ó senhor, faze para mim um novo coração em acordo com Tua amorosa bondade. Estes, ó Senhor, são os presentes que aguardo de Ti, ó meu Deus e meu mestre, Tu que vives e reinas até as eras das eras. Amém.

Ó Senhor Deus Todo-Poderoso, que criaste em Ti grande e inefável sabedoria, coeterna contigo mesmo antes das eras incontáveis; Tu, que no nascimento dos tempos criaste os céus, a terra e o mar, e tudo que eles contêm; Tu, que deste vida a todas as coisas pelo sopro de Tua boca; eu rogo a Ti, Te abençoo, Te adoro e Te glorifico. Sê Tu propício a mim, um pobre pecador, e não me menosprezes; me salva, me socorre e me nivela ao trabalho de Tuas mãos. Eu Te conjuro e rogo a Ti por Teu santo nome que afastes do meu espírito a escuridão da ignorância, e que me ilumines com o fogo da Tua sabedoria; tira de mim todos os desejos malignos, e não permitas que minhas palavras sejam tolas. Ó Tu, o Deus Vivente, cuja glória, honra e reino se estenderão pelas eras das eras. Amém.

CAPÍTULO 5

Preces e conjurações.

PRECE

Ó Senhor Deus, Santo Pai, Todo-Poderoso e Misericordioso, Tu que criaste todas as coisas, que conheces todas as coisas e tudo podes fazer, de quem nada está oculto, a quem nada é impossível; Tu que sabes que realizamos estas cerimônias não para provar Teu poder, mas para que possamos penetrar na sabedoria das coisas ocultas; rezamos a Ti por Tua sagrada misericórdia para que ocasiones e permitas que cheguemos a esse entendimento das coisas secretas, sejam elas de qualquer natureza, por Tua ajuda, Ó mais santo ADONAI, cujo reino e poder não terão fim até as eras das eras. Amém.

Após o fim da prece, o exorcista colocará sua mão sobre os pentáculos, enquanto um dos discípulos segurará diante dele o livro aberto onde estão escritas as rezas e conjurações apropriadas para conquistar, submeter e reprovar os espíritos. Então o mestre, voltando-se para cada ponto cardeal da Terra, levantando os olhos ao céu, dirá:

Ó Senhor, sê para mim uma torre poderosa de refúgio da visão e dos ataques dos espíritos maléficos.

Depois ele se voltará novamente aos quatro quadrantes da Terra e, na direção de cada um deles, irá proferir as seguintes palavras:

Contemplai os símbolos e nomes do Criador, que vos causam para sempre terror e medo. Obedecei, então, pela virtude desses nomes sagrados e por estes mistérios dos mistérios.

Depois disso, ele deverá ver os espíritos vindos de todos os lados. Mas, no caso de eles estarem ocupados em outro lugar, não poderem ou não desejarem vir, que ele comece novamente a invocá-los de acordo com a seguinte maneira, e que o exorcista esteja seguro de que mesmo se estivessem presos com correntes de ferro, e com fogo, eles não poderiam se abster de vir realizar sua vontade.

A CONJURAÇÃO[27]

Ó espíritos, eu vos conjuro pelo poder, pela sabedoria e pela virtude do Espírito de Deus, pelo incriado conhecimento divino, pela vasta misericórdia de Deus, pela fortaleza de Deus, pela grandiosidade de Deus, pela unidade de Deus; e pelo nome sagrado de Deus EHEIEH, que é raiz, tronco, fonte e origem de todos os outros nomes divinos, de onde todos tiram sua vida e sua virtude, o qual, invocado por Adão, deu a ele o conhecimento de todas as coisas criadas.

Eu vos conjuro pelo nome indivisível IOD, que marca e expressa a simplicidade e unidade da natureza divina, que Abel, tendo-o invocado, mereceu[28] escapar das mãos de Caim, seu irmão.

Eu vos conjuro pelo nome TETRAGRAMMATON ELOHIM, que expressa e significa a grandeza de tão elevada majestade; que Noé, ao tê-lo pronunciado, se salvou e protegeu toda sua família das águas do dilúvio.

Eu vos conjuro pelo nome de Deus EL, forte e maravilhoso, que denota a misericórdia e a bondade de Sua Majestade Divina; que Abraão, ao invocá-lo, foi considerado digno de ir além de Ur dos caldeus.

Eu vos conjuro pelo mais poderoso nome de ELOHIM GIBOR, que demonstra a força de Deus, de um Deus Todo-Poderoso, que pune os crimes dos ímpios, que busca e castiga as iniquidades dos pais sobre os filhos até a terceira e quarta gerações; que Isaac, após tê-lo invocado, foi considerado digno de escapar da espada de Abraão, seu pai.

Eu vos conjuro e vos exorcizo pelo mais sagrado nome de ELOAH VA-DAATH, que Jacó invocou quando se encontrava em grande aflição, e foi considerado digno de portar o nome de Israel, que significa o Conquistador de Deus, e ele foi livrado da fúria de Esaú, seu irmão.

---

27 Há uma invocação que leva o título "A Invocação Cabalística de Salomão", dada por Eliphas Lévi, que contém vários pontos diferentes da que consta acima, embora se pareça com ela em certas particularidades. A de Lévi é mais evidentemente construída no plano indicado em *Siphra dztenioutha*, C. III; anotação § 5, sub § 8, 9; enquanto a presente aqui segue mais a colocada naquele livro, ibid. §5, sub §3. Não vejo razão para supor que a de Lévi não seja autêntica. O leitor cabalista deve notar que a conjuração acima utiliza os nomes divinos ligados às dez sephiroth.

28 Em francês, *merita d'*échapper.

Eu vos conjuro pelo mais potente nome de EL ADONAI[29] TZABAOTH, que é o Deus dos Exércitos, reinando nos Céus, que José invocou e foi considerado digno de escapar das mãos de seus irmãos.

Eu vos conjuro pelo mais potente nome de ELOHIM TZABAOTH, que expressa a piedade, a misericórdia, o esplendor e o conhecimento de Deus, que Moisés invocou e foi considerado digno de libertar o povo de Israel do Egito e da servidão ao faraó.

Eu vos conjuro pelo mais potente nome de SHADDAI, que significa fazer o bem a todos; que Moisés invocou e, tendo golpeado o mar, este se dividiu ao meio em duas partes, à esquerda e à direita. Eu vos conjuro pelo mais sagrado nome de EL CHAT[30], que é o do Deus Vivo, pela virtude do qual a aliança conosco, e nossa redenção, se fizeram; que Moisés invocou e todas as águas retornaram ao seu estado anterior e engolfaram os egípcios, para que nenhum deles escapasse para levar as notícias à terra de Mizrain.

Por fim, eu vos conjuro, espíritos rebeldes, pelo mais sagrado nome de Deus ADONAI MELEKH, que Josué invocou e parou o curso do Sol em sua presença, pela virtude de Methratton[31], sua principal imagem; e pelas tropas de anjos que não cessam de gritar noite e dia QADOSCH, QADOSCH, QADOSCH, ADONAI ELOHIM TZABAOTH (ou seja, Santo, Santo, Santo, Senhor Deus das Hóstias, Céus e Terra estão repletos de Tua Glória); e pelos dez anjos que presidem as dez sephiroth, pelas quais Deus comunica e estende sua influência sobre as coisas inferiores, que são KETHER, CHOKMAH, BINAH, GEDULAH, GEBURAH, TIPHERETH, NETZACH, HOD, YESOD e MALKUTH.

Eu vos conjuro novamente, ó espíritos, por todos os nomes de Deus e por todo Seu trabalho maravilhoso; pelos Céus; pela Terra; pelo mar; pelas profundezas do abismo, e pelo firmamento que foi movido pelo próprio espírito de Deus; pelo Sol e pelas estrelas; pelas águas e pelos mares, e tudo que eles contêm; pelos ventos, redemoinhos e tempestades; pelas virtudes de todas as ervas, plantas e pedras; por tudo que está no Céu, sobre a Terra e tudo nos Abismos das Sombras.

Eu vos conjuro novamente, e vos exorto com poder, ó demônios, em qualquer parte do mundo em que estejais, para que não possais permanecer no ar, no fogo, na água ou na terra, ou em qualquer parte do universo ou lugares prazerosos que possam atraí-los, mas que sim venhais prontamente realizar nosso desejo, e tudo que demandamos de vossa obediência.

---

29 O nome More YETRAGAMMATON TZABAOTR é mais comumente atribuído à sétima sephira.

30 Tanto este nome como Shaddai são atribuídos à nona sephira, e por isso coloquei as duas invocações no mesmo parágrafo.

31 O arcanjo, que também é chamado de Príncipe das Faces.

Eu vos conjuro novamente pelas duas tábuas dos Mandamentos, pelos cinco livros de Moisés, pelas sete lâmpadas ardentes no candelabro de ouro diante da face do trono da Majestade de Deus, e pelo Santo dos Santos, no qual somente o KOHEN HA-GADOL recebeu a permissão de entrar, ou seja, o Santo Padre.

Eu vos conjuro por Ele que fez os Céus e a Terra, e que mediu os céus no oco de Sua mão, e encerrou a terra em três de Seus dedos, que está sentado sobre os querubins e os serafins; e pelo querubim, que é chamado de Kerub, que Deus constituiu e colocou para guardar a Árvore da Vida, armado com uma espada flamejante, depois que o homem foi expulso do Paraíso.

Eu vos conjuro novamente, apóstatas de Deus, por Ele que sozinho realizou grandes maravilhas; pela Jerusalém Celestial; e pelo mais sagrado nome de Deus em quatro letras, e por Ele que iluminou todas as coisas e brilhou sobre tudo por Seu nome venerável e inefável, ASHER EHEIEH; que venhais imediatamente executar nosso desejo, seja qual for.

Eu vos conjuro e comando absolutamente, ó demônios, em qualquer parte do universo que possam estar, pela virtude de todos estes nomes santos: ADONAI[32], YAH, HOA, EL, ELOHA, ELOHINU, ELOHIM, EHEIEH, MARON, KAPHU, ESCH, INNON, AVEN, AGLA, HAZOR, EMETH, YAII, ARARITHA, YOVA, HA-KABIR, MESSIACH, IONAH, MAL-KA, EREL, KUZU, MATZPATZ, EL SHADDAI; e por todos os nomes sagrados de Deus que foram escritos com sangue em sinal da aliança eterna.

Eu vos conjuro novamente por estes outros nomes de Deus, mais santos e desconhecidos, pelas virtudes das quais vós tremeis todos os dias: BARUC[33], BACURABON, PATACEL, ALCHEEGHEL, AQUACHAI, HOMORION, EHEIEH, ABBATON, CHEVON, CEBON, OYZROYMAS, CHAI, EHEIEH, ALBAMACHI, ORTAGU, NALE, ABELECH (ou HELECH), YEZE (ou SECHEZZE[34]); que venhais rapidamente e sem atraso à nossa presença de cada quarto e cada clima do mundo em que possais estar, para que executeis o que iremos comandar pelo grande nome de Deus.

---

32 Escrevi estes nomes tão corretamente quanto me foi possível, já que em todos os manuscritos originais o hebraico está muito mutilado. Alguns destes nomes são títulos comuns de Deus; outros são nomes mágicos e cabalísticos compostos com as iniciais de sentenças etc. e diferentes permutações de outros nomes.

33 Dou estes nomes como se encontram, nem todos parecem hebraicos; alguns sugerem o estilo dos nomes bárbaros dos papiros mágicos greco-egípcios.

34 N.d.T. O livro de Peterson traz os nomes Bazuc, Bacurabon, Patacel, Alcheghel, Aquachai, Homorions, Ey, Abbaton, Chevon, Cebon, Oy, Zoymas, Caye, Eheieh, Abbamachi, Ortagu, Nale, Helech, Yeze.

CAPÍTULO 6

Conjuração mais forte e potente

Se eles aparecerem imediatamente, está bem; caso isso não aconteça, o mestre deve descobrir os pentáculos consagrados que ele terá feito para coibir e comandar os espíritos, os quais deverá usar presos ao pescoço, segurando as medalhas (ou pentáculos) em sua mão esquerda e a faca consagrada na direita; e, encorajando seus companheiros, dirá em voz alta:

DISCURSO

> Aqui estão os símbolos das coisas secretas, os padrões, as insígnias e as bandeiras de Deus o Conquistador; e as armas do Todo-Poderoso, para compelir as potências aéreas. Por seus poderes e virtudes eu vos ordeno absolutamente que venhais para perto de nós, em nossa presença, de qualquer parte do mundo em que podeis estar, e que não demoreis em nos obedecer em todas as coisas que ordenamos pela virtude de Deus o Poderoso. Vinde prontamente, não demoreis em aparecer e respondei a nós com humildade.

Caso eles apareçam dessa vez, mostra a eles os pentáculos e os recebe com bondade, gentileza e cortesia; argumenta e fala com eles, questiona-os e pede a eles todas as coisas que te propuseste demandar.

Mas se, ao contrário, eles ainda não aparecerem, segurando a faca consagrada na mão direita, e sendo os pentáculos descobertos pela remoção de seu envoltório consagrado, ataca e golpeia o ar com a faca como se quisesses começar um combate; conforta e exorta teus companheiros, e então, em uma voz alta e severa, repete a conjuração a seguir.

CONJURAÇÃO[35]

Aqui novamente eu vos conjuro e vos comando com a máxima urgência; eu vos forço, compilo e exorto ao máximo, pelo mais poderoso e potente nome de Deus EL, forte e maravilhoso, e por Deus o Justo e Íntegro, eu vos exorcizo e comando que de maneira nenhuma demoreis, mas que venhais imediatamente e neste instante aqui defronte de nós, sem barulho, deformidade ou monstruosidade; mas com toda maneira de gentileza e mansidão.

Eu vos exorcizo novamente e poderosamente vos conjuro, comandando-vos com força e violência por Ele que disse e foi feito; e por todos estes nomes: EL SHADDAI, ELOHIM, ELOHI, TZABAOTH, ELIM, ASHER EHEIEH, YAH, TETRAGRAMMATON, SHADDAI, que significam Deus Altíssimo e Todo-Poderoso, o Deus de Israel, por quem executando todas as nossas operações iremos prosperar em todos os trabalhos em nossas mãos, vendo que o Senhor está agora, sempre e para sempre conosco, em nossos corações e lábios; e por Seus nomes sagrados, e pela virtude do Deus Soberano, conseguiremos realizar nossas obras.

Vinde já e de uma vez, sem nenhuma abominação ou deformidade, frente a nós, vinde sem aparição monstruosa, em uma forma ou figura graciosa. Vinde, pois os exorcizamos com a máxima veemência pelo nome de IAH e ON, que Adão disse e ouviu; pelo nome EL, que Noé ouviu, e salvou-se com toda sua família do dilúvio; pelo nome IOD, que Noé ouviu e conheceu Deus o Todo-Poderoso; pelo nome AGLA, que Jacó ouviu e vislumbrou a escada que tocava o céu, e os anjos que subiam e desciam por ela, donde chamou aquele lugar de Casa de Deus e Portal do Céu; e pelo nome ELOHIM, e em nome de ELOHIM, que Moisés nomeou, invocou e ouviu em Horebe, a Montanha de Deus, e foi considerado digno de ouvi-Lo falar de dentro da sarça ardente; e pelo nome AIN SOPH, que Aarão ouviu e de súbito tornou-se eloquente; sábio e instruído; e pelo nome TZABAOTH, que Moisés nomeou e invocou, e todos os lagos e rios da terra do Egito foram cobertos de sangue[36]; e pelo nome IOD, que Moisés nomeou e invocou, e, golpeando o pó do chão, homens e bestas foram atacados pela doença[37]; e pelo nome e em nome PRIMEUMATON[38], que Moisés nomeou e invocou, e ali caiu uma grande e severa saraiva por

---

35 Essa conjuração é quase idêntica a uma presente no *Lemegeton*, ou *Clavícula Menor*, uma obra diferente também atribuída a Salomão.

36 Alguns manuscritos adicionam *et furent purifiés*.

37 Alguns manuscritos substituem por *les hommes furent reduits en cendre, comme aussi les bœufs, betail, et troupeaux des Egyptiens*.

38 N.d.T. Em seu livro, Peterson grafa este nome como Primaton.

toda a terra do Egito, destruindo as videiras, as árvores e madeiras daquele país; e pelo nome IAPHAR, que Moisés ouviu e invocou, e imediatamente uma grande pestilência começou a aparecer por toda a terra do Egito, atingindo e matando os asnos, os bois e as ovelhas dos egípcios, que assim morreram todos; e pelo nome ABBADON, que Moisés invocou e salpicou poeira em direção ao céu, e imediatamente caiu tamanha chuva sobre os homens, os gados e os rebanhos que todos morreram em toda a terra do Egito; e pelo nome ELION, que Moisés invocou, e então caiu uma imensa saraiva como jamais se havia visto desde o começo do mundo até aquele momento, então todos os homens, rebanhos e tudo que estava nos campos pereceram e morreram por toda a terra do Egito. E pelo nome ADONAI, que Moisés invocou e uma quantidade tão grande de gafanhotos apareceu na terra do Egito que tudo o que a saraiva havia poupado foi devorado e engolido; e pelo nome de PATHEON[39], que, após ter sido invocado, uma escuridão tão espessa, horrível e medonha envolveu toda a terra do Egito por três dias e noites que toda vida restante morreu; e pelo nome YESOD, e em nome de YESOD, que Moisés invocou, e à meia-noite todos os primogênitos de todos os homens e animais morreram; e pelo nome de YESHIMON, que Moisés nomeou e invocou, e o Mar Vermelho se dividiu em dois; e pelo nome HESION, que Moisés invocou, e todo o exército do faraó foi afogado pelas águas; e pelo nome ANABONA, que Moisés, tendo-o ouvido no Monte Sinai, foi considerado digno de receber e obter as tábuas de pedra escritas pelo dedo de Deus o Criador; e pelo nome ERYGION, que José, tendo-o invocado quando lutou contra os moabitas, os derrotou e obteve a vitória; e pelo nome HOA, e em nome de HOA, o qual Davi invocou e foi salvo das mãos de Golias; e pelo nome YOD, que Salomão, tendo-o nomeado e invocado, foi considerado digno de pedir e obter em seu sono a inefável sabedoria de Deus; e pelo nome YIAI, que Salomão, tendo-o invocado e nomeado, foi julgado digno de ter poder sobre todos os demônios, potências, poderes e virtudes do ar.

Por estes e por todos os outros nomes de Deus Todo-Poderoso, Santo, Vivo e Verdadeiro, nós vos comandamos poderosamente, vós que cujos próprios pecados foram lançados do Céu Empíreo, e da frente de Seu Trono; por Ele que vos lançou para os mais profundos abismos do Inferno, nós vos comandamos com força e resolução; e por aquele terrível dia do soberano julgamento de Deus, no qual todos os ossos secos se levantarão para escutar a Palavra de Deus com seus corpos e se apresentarão diante da face de Deus Todo-Poderoso; e pela última chama que irá consumir todas as coisas; pelo mar (de cristal) que nos é conhecido, que está diante do semblante de Deus;

39 O nome é muitas vezes escrito PATHTUMON em conjurações similares, mas os manuscritos à minha frente trazem esta forma.

pela virtude, força e poder indizível e inefável do Criador, por Sua toda-poderosa força, e pela luz e chama que emanam de Seu semblante e estão frente a Sua face; pelos poderes angélicos que estão nos Céus, e pela imensa sabedoria do Deus Todo-Poderoso; pelo selo de Davi, pelo anel e pelo selo de Salomão, que foram revelados a ele pelo Altíssimo e Soberano Criador; e pelas nove medalhas ou pentáculos que temos entre nossos símbolos, que procedem e vêm do céu e estão entre os Mistérios dos Mistérios ou Segredos dos Segredos, os quais vós podeis contemplar em minha mão, consagrados e exorcizados com as devidas cerimônias. Por estes, e por todos os segredos que o Todo-Poderoso encerra nos tesouros da sabedoria soberana e altíssima, por Sua mão, e por Seu maravilhoso poder; eu vos conjuro, forço e exorcizo para que venhais sem demora em nossa presença para que vos comandemos.

Eu vos conjuro novamente pelo mais sagrado nome que todo o universo teme, respeita e venera, que é escrito com essas letras e caracteres, IOD, HE, VAU, HE; e pelo último e terrível julgamento, pelo Assento de BALDACHIA[40]; e por Seu nome sagrado, YIAI, que foi invocado por Moisés, e se seguiu o grande julgamento de Deus, quando Dathan e Abiram foram engolidos pelo centro da Terra. Caso contrário, se nos contradisserdes e resistirdes a nós por desobediência à virtude e ao poder do nome YIAI, nós vos amaldiçoaremos mesmo nas profundezas do grande abismo, no qual iremos vos lançar, arremessar e jogar caso vos mostreis rebelados contra o Segredo dos Segredos e o Mistério dos Mistérios. AMÉM, AMÉM. FIAT, FIAT.

Deverás dizer e executar esta conjuração voltado para o Leste, e se eles não aparecerem, repete-a aos espíritos, voltando-te ao Sul, ao Oeste e ao Norte, sucessivamente, quando a terás dito quatro vezes. E se eles não aparecerem mesmo assim, deverás fazer o sinal do TAU[41] nas frontes de teus companheiros, e dizer:

CONJURAÇÃO

Mirem novamente o símbolo e o nome de um Deus soberano e conquistador, pelo qual todo o universo teme, estremece e sente calafrios, e pelas mais misteriosas palavras dos mistérios sagrados e por sua virtude, sua força e seu poder.

40 Algumas vezes, mas acredito que, erroneamente, é escrito como Bas-dathea. Creio que a palavra significa "Senhor da Vida".

41 Ou a cruz.

Eu vos conjuro novamente, vos forço e vos comando com a maior veemência e poder, pelo mais potente e poderoso nome de deus, EL, forte e maravilhoso, por Ele que disse e foi feito; e pelo nome IAH, que Moisés ouviu, e falou com Deus; e pelo nome AGLA, que José invocou, e escapou das mãos de seus irmãos; e pelo nome VAU, que Abraão ouviu e conheceu Deus o Todo-Poderoso; e pelo nome de quatro letras, TETRAGRAMMATON, que Josué nomeou e invocou e foi considerado digno e merecedor de liderar o Exército de Israel à Terra Prometida; e pelo nome ANABONA, pelo qual Deus modelou o homem e todo o universo; e pelo nome ARPHETON[42] e em nome de ARPHETON, pelo qual os anjos destinados a esse fim irão conjurar o universo, em corpo e forma visíveis, e reunirão (todas as pessoas) pelo som do trompete no terrível e atroz Dia do Julgamento, quando a memória dos ímpios e hereges irá perecer; e pelo nome ADONAI, pelo qual Deus julgará toda a carne humana, e pela Sua voz todos os homens, bons e maus, irão se levantar novamente, e todos os homens e anjos se reunirão no ar defronte o Senhor, que irá julgar e condenar os maus; e pelo nome ONEIPHETON[43], pelo qual Deus irá convocar os mortos e trazê-los novamente à vida; e pelo nome ELOHIM e em nome de ELOHIM, pelo qual Deus irá perturbar e estimular tempestades por todos os mares, lançando assim os peixes para fora deles, e em um dia um terço dos homens em torno dos mares e dos rios irá perecer; e pelo nome ELOHI[44] e em nome de ELOHI, pelo qual Deus irá secar os mares e rios, e os homens poderão caminhar por seus canais; e pelo nome ON e em nome de ON, pelo qual Deus irá restaurar e devolver os mares, rios, riachos e regatos aos seus estados anteriores; e pelo nome MESSIACH, e em nome de MESSIACH[45], pelo qual Deus fará com que os animais combatam juntos, e assim morram em um só dia; e pelo nome ARIEL, pelo qual Deus irá destruir em um só dia todas as construções, e não restará pedra sobre pedra; e pelo nome IAHT[46], pelo qual Deus irá lançar pedra sobre pedra, e então todas as populações e nações irão fugir da costa e dirão a elas, "cubram-nos e escondam-nos"; e pelo nome EMANUEL, pelo qual Deus irá realizar maravilhas, e as criaturas aladas e pássaros do céu irão competir umas com as outras; e pelo nome ANAEL[47], e em nome de ANAEL, pelo

42 Também escrito Hipeton; e eu acredito que às vezes é trocado por Anapheneton ou Anaphaxeton.

43 O nome aparece de forma diferente nos manuscritos, como Oneypheon, Onayepheton e Donecepheron etc.

44 Ou Elia.

45 O que é dito aqui se refere simbolicamente ao desenraizamento dos espíritos malignos e conchas do universo pelo rei Messiach, que consta na Cabala. A Cabala às vezes expressa os espíritos malignos pelas palavras animais, ou bestas, e coisas rastejantes.

46 Os manuscritos mais antigos trazem a forma acima; em outros é trocada por Iaphat, Taphat e mesmo Japhet. É provavelmente uma corruptela de Achad, unidade.

47 É também o nome do anjo de Vênus.

qual Deus irá derrubar as montanhas e encher os vales, e a superfície da Terra será plana em todas as partes; e pelo nome ZEDEREZA[48], e em nome de ZEDEREZA, pelo qual Deus irá escurecer o Sol e a Lua; e fará com que as estrelas caiam do céu; e pelo nome SEPHERIEL[49], pelo qual Deus chegará ao julgamento universal, como um príncipe recém-coroado entra em triunfo em sua capital, cingido com uma faixa de ouro e precedido por anjos, e ante Seu aspecto todos os climas e partes do universo serão afligidos e pasmados; e um fogo irá antes Dele, e chamas e tempestades O cercarão; e pelo nome Tau[50], pelo qual Deus trouxe o dilúvio, quando as águas prevaleceram sobre as montanhas, quinze cúbitos acima de seus cumes; e pelo nome RUACHIAH[51], pelo qual Deus, tendo purgado as eras, fará seu Espírito Santo descender sobre o universo, e vos lançará, ó espíritos rebeldes e seres sujos, às profundezas do lago do abismo, em miséria, imundície e lodo, e vos colocará em calabouços impuros e vis presos com correntes eternas de fogo.

Por esses nomes então, e por todos os outros nomes santos de Deus, diante de quem nenhum homem permanece e vive, e os quais fazem os exércitos de demônios temer, estremecer e sentir calafrios; nós vos conjuramos, vos exorcizamos com potência e vos comandamos, conjurando-vos, além disso, pelas terríveis e tremendas VEREDAS[52] DE DEUS, e por sua sagrada habitação, onde Ele reina e comanda até as eras eternas. Amém.

Pela virtude de tudo antes dito, nós vos comandamos a ficardes não em qualquer lugar em que estejais, mas a virdes prontamente e sem demora a fazerdes o que iremos mandar. Mas se permanecerdes ainda desobedientes, nós, pela autoridade de um Deus Soberano e Potente, vos privaremos de qualquer qualidade, condição, grau e lugar de que agora desfrutais, e vos relegaremos e precipitaremos ao Reino do Fogo e Enxofre, para serdes atormentados eternamente. Vinde então de qualquer parte da Terra, seja onde for, e contemplai os símbolos e nomes do Soberano Triunfante a quem todas as criaturas obedecem, ou iremos vos amarrar e conduzir a despeito de vós em nossa presença presos em correntes de fogo, pois todos os efeitos

---

48 Como está escrito nos manuscritos mais antigos; os outros grafam Zedeesia, Zedeezia e Zedezias.

49 Significa "emanando de Deus". É grafado erroneamente como Sephosiel etc. nos manuscritos.

50 Iaha, no manuscrito Add. 10862.

51 Significando o espírito de Iah.

52 Ou seja, os graus escondidos e ocultos e as ligações de emanação nas sephiroth. O último manuscrito traz, por erro, *voix* por *voies*; o manuscrito mais antigo em latim traz *Semitis*.

procedentes de nossa ciência e operação são ardentes com um fogo que deverá vos consumir e queimar eternamente, pois diante deles todo o universo treme, a Terra é movida, as pedras se juntam com pressa, e todas as criaturas obedecem, e os espíritos rebeldes são atormentados pelo poder do Criador Soberano.

Então é certo que virão, mesmo se estiverem presos em correntes de fogo, a não ser que sejam impedidos por questões da maior importância, mas neste caso deverão mandar embaixadores e mensageiros pelos quais tu irás seguramente saber com facilidade o que ocupa os espíritos e o que eles fazem. Mas se eles não aparecerem mesmo em resposta à conjuração acima, e seguirem desobedientes, que o Mestre da Arte ou exorcista se levante e exorte seus companheiros a manterem bons ânimos e a não perderem a esperança no sucesso final da operação; que o mestre golpeie o ar com a faca consagrada em direção aos quatro quadrantes do universo; e então se ajoelhe no meio do círculo, e os companheiros também, em seus lugares, e que digam consecutivamente com ele, em voz baixa, voltando-se para a direção do Leste, o seguinte:

DISCURSO AOS ANJOS

> Eu vos conjuro e rogo a vós, ó anjos de Deus e espíritos celestiais, que venhais em minha ajuda; vinde e contemplai os sinais do Céu, e sejais minhas testemunhas, diante do Senhor Soberano, da desobediência desses espíritos caídos e malignos, que um dia foram seus companheiros.

Depois disso, que o mestre se levante, e os force e os impila por uma conjuração mais forte, da maneira que se segue.

CAPÍTULO 7

Uma conjuração extremamente poderosa.

Contemplais-nos novamente preparados para vos conjurar pelos nomes e símbolos de Deus, com os quais estamos fortalecidos, e pela virtude do Altíssimo. Nós vos comandamos e vos ordenamos com poder pelo mais forte e poderoso nome de Deus EL, que é digno de todo louvor, admiração, glória, veneração e medo, que não demoreis mais, mas que apareçais diante de nós sem qualquer tumulto ou distúrbio, pelo contrário, com grande respeito e cortesia, em uma bela forma humana.

Se eles aparecerem, mostres a eles os pentáculos e digas:

> Obedecei, obedecei e contemplai os símbolos e nomes do Criador, sede gentis e pacíficos, e obedecei a tudo que iremos comandar-vos.

Eles irão então imediatamente falar contigo, como um amigo fala com outro. Pede a eles tudo o que desejas, com consistência, firmeza e segurança, e eles obedecerão a ti.

Mas se eles ainda não aparecerem, que o mestre não perca sua coragem, pois não há no mundo força maior e mais poderosa para intimidar os espíritos que a constância. Que ele, no entanto, reexamine e reforme o círculo, e que tome um pouco do pó da terra, que ele deverá lançar na direção dos quatro quadrantes do universo; e, tendo colocado sua faca sobre o chão, ele deverá dizer, de joelhos, voltado para o Norte:

> Em nome de ADONAI ELOHIM TZABAOTH SHADDAI, Senhor Deus Todo-Poderoso dos Exércitos, que possamos realizar com sucesso o trabalho de nossas mãos, e que o Senhor esteja presente conosco em nossos corações e lábios.

Após dizer tais palavras, ajoelhado sobre a terra, o mestre deverá logo se levantar, abrir bem os braços, como se desejasse abraçar o ar, e dizer:

CONJURAÇÃO

Pelos santos nomes de Deus escritos neste livro, e pelos outros nomes santos e inefáveis escritos no *Livro da Vida*, vos conjuramos a virdes a nós prontamente e sem atraso, portanto, não vos demoreis, mas apareçais em forma e figura bela e agradável, por estes nomes santos: ADONAI, TZABAOTH, EL, ELOHI, ELOHIM, SHADDAI; e por EHEIEH, YOD, HE, VAU, HE, que é o grande nome de Deus TETRAGRAMMATON escrito com quatro letras, ANAPHODITON, e inefável; pelo Deus dessas virtudes e potências que habitam os céus, que monta sobre os querubins, que se move sobre as asas do vento, Ele cujo poder está no Céu e na Terra, que disse e foi feito, que ordenou e todo o universo foi criado; e pelos nomes sagrados e em nomes sagrados, IAH, IAH, IAH, ADONAI TZABAOTH; e por todos os nomes de Deus, o Vivo e Verdadeiro, eu reitero a conjuração, e vos conjuro novamente, espíritos malignos e rebeldes, que habitam os abismos da escuridão.

Eu vos conjuro, me dirijo a vós e vos exorcizo para que vos aproximeis de mim diante do Trono de Deus, o Vivo e Verdadeiro, e diante do tribunal do julgamento de Sua Majestade, e diante dos anjos santos de Deus, para ouvirdes as sentenças de vossas condenações.

Vinde então pelo nome e em nome de SHADDAI, que é o de Deus Todo-Poderoso, forte, potente, admirável, exaltado, puro, limpo, glorificado, virtuoso e grande, apenas terrível, e santo; e pelo nome e em nome de EL, IAH, IAH, IAH, que modelou e criou o mundo pelo sopro de Sua boca, que o sustentou por Seu poder, que reinou e governou sobre ele por Sua sabedoria, e que vos lançou, por vosso orgulho, à terra da escuridão e à sombra da morte.

Assim, pelo nome do Deus Vivo, que modelou os céus acima, e deitou os alicerces sob a terra, nós vos comandamos a virdes a nós, imediatamente e sem qualquer demora, de todos os lugares, vales, montanhas, colinas, campos, mares, rios, nascentes, lagos, riachos, cavernas, grutas, cidades, vilas, mercados, feiras, habitações, banhos, pátios, jardins, vinhas, plantações, reservatórios, cisternas e de cada canto da Terra em que possais estar reunidos, para que executeis e realizeis nossas demandas com toda mansidão e cortesia; pelo nome inefável que Moisés ouviu e invocou, que recebeu de Deus do meio da sarça ardente, nós vos conjuramos a obedecer nossos comandos, e a virdes a nós prontamente e com toda gentileza de modos.

Novamente vos comandamos com veemência, e vos exorcizamos com constância, que vós e todos os vossos camaradas venhais a nós com modos graciosos e agradáveis como a brisa, para realizardes sucessivamente nossas várias ordens e desejos. Vinde, então, pela virtude destes nomes pelos quais vos exorcizamos; ANAI, ÆCHHAD, TRANSIN, EMETH, CHAIA, IONA, PROFA, TITACHE, BEN ANI, BRIAH, THEIT[53]; os quais todos estão escritos no céu com os caracteres de Malachim[54], ou seja, na língua dos anjos.

Então, pelo justo julgamento de Deus, pela virtude admirável e inefável de Deus, Justo, Vivo e Verdadeiro, nós vos chamamos com poder, vos forçamos e vos exorcizamos pelo e no nome admirável que foi escrito nas tábuas de pedra que Deus entregou no Monte Sinai; e pelo e no maravilhoso nome que Aarão, o sacerdote supremo, escreveu sobre seu peito, pelo qual também Deus criou o mundo, o nome AXINETON; e pelo Deus Vivo que é Uno ao longo das eras, cuja morada é a luz inefável, cujo nome é sabedoria e cujo espírito é vida, diante de quem se apresentam fogo e chama; que do fogo formou o firmamento, as estrelas e o Sol, e que com fogo irá vos queimar para sempre, e quem mais transgredir as palavras de Sua vontade.

Vinde então sem demora, sem barulho e sem ira, diante de nós, sem deformidade ou feiura, para executardes todas as nossas vontades; vinde de todos os lugares em que estejais, de todas as montanhas, vales, riachos, rios, córregos, lagos, lugares, banhos, sinagogas; pois Deus, forte e poderoso, irá perseguir-vos e dominar-vos, sendo glorioso sobre todas as coisas; Ele irá vos compelir, vós e o Príncipe das Trevas. Vinde, vinde, anjos da escuridão; vinde cá diante deste círculo sem medo, terror ou deformidade, para executardes nossos comandos, e estai prontos para realizardes e completardes tudo o que vos ordenarmos.

Vinde, então, pela coroa do chefe de vossos imperadores, e pelo cetro de vosso poder, e de SID, o grande demônio, vosso mestre; pelos nomes e em nome dos anjos santos que foram criados para estar acima de vós, muito antes da constituição do mundo; e pelos nomes dos dois príncipes do universo, que são IONIEL e SEFONIEL; pela vara de Moisés, pelo cajado de Jacó; pelo anel e selo de Davi, nos quais estão escritos os nomes do Deus Soberano; e pelos nomes dos anjos, pelos quais Salomão vos enlaçou e vos dominou; e pelos laços sagrados pelos quais ANAEL cercou e conquistou o espírito; e pelo nome do anjo que poderosamente

53 N.d.T. Os nomes que aparecem no livro de Peterson são Anay, Getha, Teramia, Arneth, Negia, Jona, Prolhuch, Titach, Jenau, Beja, Theit.

54 O alfabeto místico conhecido como a "escrita de Malachim" é formado pelas posições das estrelas nos céus, traçando linhas imaginárias de uma estrela a outra para obter as formas dos caracteres de seu alfabeto.

reina sobre o resto, e pelo louvor de todas as criaturas que incessantemente clamam por Deus, que falou e imediatamente todas as coisas, mesmo as eras, foram feitas e modeladas; e pelo nome HA-QADOSCH BERAKHA, que significa O Sagrado e Abençoado; e pelos dez corais dos anjos sagrados, CHAIOTH HA-QADESH, AUPHANIM, ARALIM, CHASHMALIM, SERAPHIM, MALACHIM, ELOHIM, BENI ELOHIM, KERUBIM, e ISHIM; e pelo nome sagrado de doze letras, do qual cada letra é o nome de um anjo, as quais são ALEPH[55], BETH, BETH, NUN, VAU, RESH, VAU, CHETH, HE, QOPH, DALETH, SHIN.

Por estes nomes, portanto, e por todos os outros nomes sagrados, vos conjuramos e vos exorcizamos pelo anjo ZECHIEL; pelo anjo DUCHIEL; e pelo anjo DONACHIEL e pelo grande anjo METATRON; que é o príncipe dos anjos e introduz as almas diante da face de Deus; e pelo anjo SANGARIEL, que guarda os portais do Céu; e pelo anjo KERUB, que foi feito guardião do paraíso terreno, com uma espada flamejante, após a expulsão de Adão, nosso antepassado; e pelo anjo MIGUEL, pelo qual vós fostes lançados das alturas do TRONO às profundezas do lago e do abismo; nome que significa "aquele que é Deus sobre a Terra"; e pelo anjo ANIEL; e pelo anjo OPHIEL; e pelo anjo BEDALIEL; portanto, por estes e por todos os outros nomes santos dos anjos, poderosamente vos conjuramos e vos exorcizamos, para que venhais de todas as partes do mundo imediatamente e sem demora, para que realizeis nossa vontade e nossas demandas, obedecendo-nos de modo rápido e cortês, que venhais pelo nome e em nome de ALEPH, DALETH, NUN, IOD, pois nós vos exorcizamos novamente pela aplicação destas letras, por cujo poder o fogo ardente é apagado; e todo o universo estremece.

Nós vos forçamos ainda pelo selo do Sol, que é a Palavra de Deus; e pelo selo da Lua e das estelas, nós vos amarramos; e pelos outros animais e criaturas que estão no Céu, por cujas asas ele se limpa, vos forçamos e vos atraímos imperiosamente para executardes nossa vontade sem falha. E vos conjuramos, obrigamos e terrivelmente vos exorcizamos para que vós chegueis perto sem falha e sem medo, tanto quanto vos é possível, aqui diante deste círculo, como suplicantes, gentilmente e com discrição, para que realizeis nossa vontade totalmente. Se vierdes prontamente e voluntariamente, inalareis nossos perfumes e nossas sufumigações de odor agradável, o que vos será prazeroso e delicioso. Além disso, vereis o símbolo de nosso Criador e os nomes dos anjos santos, e depois

55 Letras que corrigi com muito cuidado, pois nos manuscritos elas estão amontoadas em confusão irremediável, Seym é escrito no lugar Shin, Res no lugar Beth etc. O nome é Ab, Ben, Ve Ruach Ha-Qadesch, Pai, Filho e Espírito Santo. Há outros dois nomes com doze letras usados frequentemente, HQDVSh BRVK HVA, Santo e Abençoado Seja; e ADNI HMLK NAMN, o Senhor, Rei Fiel; além de outras formas.

vos despediremos com agradecimentos. Mas se, pelo contrário, não vierdes rápido, e vos mostrardes rebeldes, teimosos e contumazes, nós vos iremos conjurar novamente, e vos exorcizar sem pausa, e repetiremos todas as palavras e nomes santos de Deus e dos anjos sagrados anteriormente ditos; nomes com os quais iremos assediar-vos, e se isso não for suficiente, iremos adicionar mais poderosos e grandiosos, que ainda não ouvistes de nós, que são os de Deus Todo-Poderoso, e que irão vos fazer estremecer e balançar de medo, vós e vossos príncipes; por tais nomes vos conjuramos e a eles, e não desistiremos de nosso trabalho até a realização de nossa vontade. Mas se porventura vos endurecerdes e vos mostrardes teimosos, desobedientes, rebelados, refratários e contumazes, e se ainda resistirdes a nossas poderosas conjurações, iremos proferir contra vós esse mandado de prisão em nome de Deus Todo-Poderoso, e por essa sentença definitiva ireis cair em doenças perigosas e na lepra; e que em sinal da divina vingança ireis todos perecer em uma morte horrível e apavorante, e um fogo irá consumir-vos e devorar-vos por cada lado e esmagar-vos totalmente; e que pelo poder de Deus, uma chama irá sair de Sua boca e queimar-vos e reduzir-vos até nada no Inferno. Portanto, não vos demoreis a vir, pois não cessaremos estas poderosas conjurações até serdes obrigados a aparecer contra vossa vontade.

Dessa maneira, novamente vos conjuramos e exorcizamos por e no sagrado nome de ON[56], que é interpretado e chamado como Deus; pelo nome e em nome de EHEIEH[57], que é o verdadeiro nome de Deus, "Sou Aquele Que É", e pelo inefável nome de quatro letras YOD HE VAU HE, cujo entendimento e sabedoria estão ocultos mesmo dos anjos; pelo nome e em nome de EL, que significa e denota o fogo poderoso e consumidor que emana de Seu semblante, o qual deve ser vossa ruína e destruição; e pela luz dos anjos, que é avivada e tomada inefavelmente da chama do ardor divino.

Então, por estes e por outros mais sagrados nomes que proferimos contra vós do fundo de nossos corações, vos forçamos e vos impelimos, se fordes ainda rebeldes e desobedientes. Nós vos conjuramos fortemente e vos exorcizamos poderosamente, para que venhais ter conosco com alegria e rapidez, sem fraude ou enganação, na verdade e não no erro.

Vinde então, vinde, contemplai os signos e nomes de vosso Criador, contemplai os pentáculos sagrados por cuja virtude a Terra se move e as árvores e os abismos estremecem. Vinde; vinde; vinde.

---

56 N.d.T. Em seu livro, Peterson troca "On" por "Iah Iah Iah", conforme os manuscritos Aub. 24 e Add. 10862.

57 N.d.T. Peterson troca este nome por "Eheieh Asher Eheieh".

Tendo sido essas coisas feitas e realizadas, deverás ver os espíritos virem de todos os lados com grande pressa, com seus príncipes e superiores; os espíritos da Primeira Ordem, como soldados, armados com lanças, escudos e armaduras; os da Segunda Ordem, como barões, príncipes, duques, capitães e generais de exércitos. Pela Terceira e última Ordem, o rei aparecerá, diante do qual irão muitos tocadores de instrumentos musicais acompanhados de vozes belas e melodiosas cantando em coro.

Então o exorcista, ou Mestre da Arte, com a chegada do rei, a quem ele verá coroado com um diadema, deverá descobrir os pentáculos e medalhas sagradas, que ele usa sobre seu peito cobertos com um pano de seda ou fino linho entrelaçado, e mostrá-los ao rei, dizendo:

> Contemplai os signos e nomes sagrados diante de cujo poder cada joelho deverá se dobrar, de tudo que existe no Céu, sobre a Terra ou no Inferno. Rebaixai-vos, pois, sob a mão poderosa de Deus.

Então o rei irá se ajoelhar diante de ti e dizer:

> O que desejas tu, e por conseguinte nos fizeste vir aqui desde a morada infernal?

Então o exorcista, ou Mestre da Arte, com ar seguro e uma voz grave e imperiosa, irá ordená-lo e comandá-lo a ser tranquilo, manter pacífico o resto de seus atendentes e impor silêncio a eles.

Ele ainda deve renovar suas fumigações e oferecer largas quantidades de incenso, que deverá colocar sobre o fogo de uma vez, para agradar aos espíritos conforme prometeu a eles. Ele então irá cobrir os pentáculos, e verá coisas maravilhosas, impossíveis de serem relatadas, aludindo a coisas terrenas e a todas as ciências.

Tendo isso acabado, o mestre irá descobrir os pentáculos, e demandar o que desejar do rei dos espíritos, e se houver um ou dois espíritos apenas, será o mesmo; e tendo obtido todos os seus desejos, deverá dar licença a eles para partir.

LICENÇA PARA PARTIR

Em nome de ADONAI, o Eterno e Perpétuo, que cada um de vós retorne aos vossos lugares; que haja paz entre nós e vós, e estai prontos para virdes quando fordes chamados.

Depois disso, ele recitará o primeiro capítulo do *Gênesis*, "Berashith Bara Elohim, No princípio" etc.

Isso findo, que fiquem todos em ordem para deixar o círculo, um após o outro, o mestre primeiro. Ademais, que banhem as faces com água exorcizada, como será dito aqui, tomem suas vestimentas comuns e voltem aos seus afazeres.

Nota e observa cuidadosamente que esta última conjuração é de tão grande importância e eficácia que mesmo se os espíritos estiverem presos com correntes de ferro e fogo, ou fechados em algum lugar poderoso, ou amarrados por um juramento, eles não poderiam nem tardar a vir. Mas, supondo que estejam sendo conjurados em algum outro lugar ou parte do universo por outro exorcista ou Mestre da Arte, pela mesma conjuração; o mestre irá adicionar a esta conjuração que eles devam ao menos enviar alguns mensageiros, ou algum indivíduo para declarar onde eles estão, em qual ocupação, e as razões pelas quais eles não podem vir e obedecer-lhe.

Mas se (o que é quase impossível) eles ainda forem teimosos, desobedientes e indispostos a obedecer; neste caso, os nomes deles deverão ser escritos em papel virgem, que o mestre deve sujar e encher de lama, poeira ou argila. Ele então avivará um fogo com arruda seca, sobre o qual colocará assa-fétida em pó e outras coisas com odor maligno; depois disso, deve colocar os ditos nomes, escritos em pergaminho ou papel virgem sobre o fogo, dizendo:

A CONJURAÇÃO DO FOGO

Eu te conjuro, ó criatura do fogo, por Ele que remove a Terra e a faz tremer, que tu queimes e atormentes estes espíritos, para que eles o sintam intensamente, e que sejam queimados eternamente por ti.

Após isso ser dito, tu deverás jogar o papel no fogo, dizendo:

A MALDIÇÃO

Sejais vós amaldiçoados, malditos e eternamente reprovados; e sejais vós atormentados por dor perpétua, para que jamais encontreis descanso dia ou noite, ou por um momento de tempo, se não obedecerdes imediatamente ao comando Dele que faz o universo tremer; por estes nomes e na virtude desses nomes, que, ao serem nomeados e invocados, todas as criaturas obedecem e estremecem com medo e terror, esses nomes que podem repelir relâmpagos e trovões, pelos quais ireis perecer absolutamente, e ser destruídos e banidos. Estes nomes que são Aleph, Beth, Gimel, Daleth, He, Vau, Zayin, Cheth, Teth, Yod, Kaph, Lamed, Mem, Nun, Samekh, Ayin, Pe, Tzaddi, Qoph, Resh, Shin, Tau[58].

Por estes nomes secretos, portanto, e por estes signos que estão cheios de mistérios, nós vos amaldiçoamos, e em virtude dos Três Princípios, Aleph[59], Mem, Shin, nós vos privamos de qualquer posição e dignidade que possais ter apreciado até agora; e pela virtude e pelo poder deles, vos relegamos ao lago de enxofre e fogo, e até as maiores profundezas do abismo, para que queimeis ali eternamente e para sempre.

Então eles asseguradamente virão sem demora, e com grande pressa, gritando: "Ó nosso senhor e príncipe, nos liberte deste sofrimento".

Neste ponto, deves ter prontos perto de ti caneta, papel e tinta exorcizados, como será descrito aqui depois. Escrevas os nomes deles novamente, e acende um fogo novo, onde colocarás resina de benjoim, olíbano e estoraque, e com eles farás uma fumigação; com esses odores perfumarás novamente o papel com os nomes; mas deves tê-los já preparados. Então mostra a eles os pentáculos sagrados, e pede o que quiseres, que obterás; e, tendo obtido teu propósito, despede os espíritos, dizendo:

---

58 Que são os nomes das letras do alfabeto hebraico; a cada uma delas estão ligados um significado místico e um poder especiais, além de suas aplicações corriqueiras.

59 Os símbolos literais do Ar, da Água e do Fogo, que são chamados pelo *Sepher Yetzirah* "As Três Letras-Mãe".

LICENÇA PARA PARTIR

Pela virtude destes pentáculos, e por que fostes obedientes, e obedecestes aos comandos do Criador, senti e inalai este odor grato, e depois parti para vossas moradas e retiros; que a paz esteja convosco; estai sempre prontos para virdes quando fordes citados e chamados; que a bênção do Senhor, tanto quanto podeis recebê-la, esteja sobre vós, desde que sejais obedientes e estai prontos a vir até nós sem observância de ritos solenes de nossa parte.

Ademais, deverás fazer um livro de papel virgem, e nele escrever as conjurações antecedentes e obrigar os demônios a jurar sobre ele, pois assim virão sempre que forem chamados, e se apresentarão diante de ti sempre que desejares consultá-los. Depois, cobrirás o livro com sigilos sagrados em uma placa de prata, e nela gravarás os pentáculos sagrados. Poderás abrir o livro aos domingos ou às quintas-feiras, tanto de dia como à noite, e os espíritos virão.

A respeito da expressão "noite", compreendas a noite seguinte, e não a noite precedente dos dias mencionados. E tenhas em memória que durante o dia (os demônios) são acanhados, pois são animais das trevas.

CAPÍTULO 8

A respeito das medalhas ou pentáculos e da maneira de construí-los.

Como já mencionamos os pentáculos, tu precisas compreender que toda a ciência e o entendimento de nossa *Clavícula* dependem da operação, do conhecimento e do uso dos pentáculos.

Ele que então deseja realizar qualquer operação por meio das medalhas, ou pentáculos, e assim tornar-se especialista, deve obsevar o que foi aqui antes ordenado. Que ele então, ó meu filho Roboão, saiba e entenda que nos mencionados pentáculos ele irá encontrar os nomes inefáveis e mais sagrados que foram escritos pelo dedo de Deus nas tábuas de Moisés; e que eu, Salomão, recebi pelo mister de um anjo por revelação divina. Estes então eu juntei, arrumei e consagrei, e os guardei, para benefício da raça humana e a preservação do corpo e da mente.

Os pentáculos devem então ser feitos nos dias e nas horas de Mercúrio, quando a Lua está em um signo do ar ou da terra[60]; ela também deve estar crescente, e em número igual aos dias com o Sol.

É necessário ter uma câmara ou gabinete especialmente reservado e recém-limpo, onde poderás ficar sem interrupção, o qual, após ter sido adentrado por teus companheiros, deverás incensar e perfumar com os odores e perfumes da arte. O céu precisa estar limpo e sereno. É necessário que tenhas um ou mais pedaços de papel virgem preparados e prontos, como diremos aqui em mais detalhes adiante.

Precisas começar a escrita ou construção dos pentáculos na hora mencionada. Entre outras coisas, irás usar sobretudo estas cores: dourado, cinábrio ou vermelhão, e azul-celeste ou brilhante. Ademais,

60 Ou seja, Gêmeos, Libra, Aquário; Touro, Virgem ou Capricórnio.

deves fazer essas medalhas ou pentáculos com canetas e cores exorcizadas, conforme mostraremos aqui.

Seja quando começares a construí-los, é melhor se puderes completá-los em uma hora após tê-los começado. No entanto, se for absolutamente necessário interromper teu trabalho, deverás esperar pelo dia e pela hora apropriados antes de recomeçar.

Quando os pentáculos estiverem feitos e completos, tomes um pano de seda bem fina, como iremos ordenar-te aqui, com o qual irás envolver os pentáculos.

Depois disso, tomarás um grande vaso de barro cheio de carvão, sobre o qual será colocado olíbano, almécega e aloés, todos previamente conjurados e exorcizados como diremos a ti adiante. Deves ainda estar puro, limpo e lavado, do modo que encontrarás na parte apropriada. Além disso, terás a foice[61] ou faca da arte mágica, com a qual farás um círculo, e traçarás outro interior, e no espaço entre eles escreverás os nomes de Deus[62], que deves considerar aptos e apropriados. É então necessário que tenhas dentro do círculo um vaso de barro com carvão aceso e perfumes odoríferos nele, com os quais deves fumigar os pentáculos mencionados; tendo voltado tua face para o Leste, irás segurar os pentáculos sobre a fumaça do incenso e repetir com devoção os seguintes salmos de Davi, meu pai: viii (8); xxi (21); xxvii (27); xxix (29); xxxii (32); li (51); lxxii (72); cxxxiv (134)[63].

(Para um formato de círculo conveniente que pode ser usado para preparar instrumentos e coisas da mesma natureza, assim como para consagrar os pentáculos, veja a figura 3.)

Depois disso, repetirás a seguinte oração:

A ORAÇÃO

Ó ADONAI, o mais poderoso, El, o mais forte, AGLA, o mais sagrado, ON, o mais íntegro, o ALEPH e o TAU[64], o início e o fim, Tu

61 N.d.T. Em seu livro, Peterson troca "foice" por "faca de pena", apontando um erro de tradução de Mathers.

62 Preferivelmente os que têm alguma referência com o trabalho em mãos.

63 Coloquei os salmos de acordo com a numeração inglesa, e não a hebraica (N.d.T. Esta edição traz os números presentes na Bíblia Almeida Revista e Corrigida).

64 A palavra cabalística AZOTH pode ser substituída por "o Aleph e o Tau". N.d.T. Peterson afirma que todos os manuscritos trazem "Alfa e Ômega" no lugar de Aleph e Tau".

que estabeleceste todas as coisas em Tua sabedoria, Tu que escolheste Abraão, teu servo fiel, e prometeste que na semente dele todas as nações da Terra serão abençoadas, sementes que Tu multiplicaste como as estrelas do céu; Tu que apareceste diante de teu servo Moisés, em chamas, no meio da sarça ardente; e o fez andar com os pés secos pelo Mar Vermelho; Tu, que sobre o Monte Sinai deste a ele a Lei; Tu, que concedeste a Salomão, teu servo, estes pentáculos por Tua grande misericórdia, para a preservação do corpo e da alma; suplicamos a ti, Sagrada Majestade, que estes pentáculos sejam consagrados por Teu poder, e preparados de tal maneira que obtenham virtude e força contra todos os espíritos, por meio de Ti, ó mais sagrado ADONAI, cujo reino, império e principado permanecem e perduram sem fim.

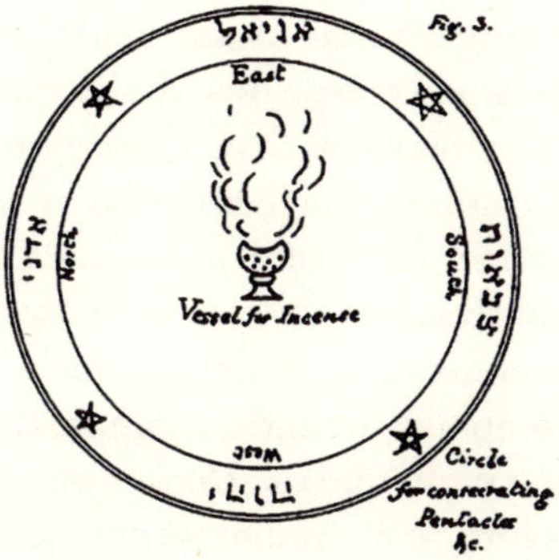

Tendo dito estas palavras, deves perfumar os pentáculos com os mesmos odores e perfumes doces, e depois, tendo-os embrulhado em um pedaço de seda fina preparado, deverás colocá-los em um local apropriado e limpo, que poderás abrir sempre que te agrade, e fechá-lo ao teu prazer e de acordo com tua vontade. Nós te mostraremos depois o método e a maneira de preparar tal lugar, de perfumá-lo com odores e perfumes doces; e de salpicá-lo com a água e o aspersório da arte mágica; pois toda essa coisa contém muitas boas propriedades e inúmeras virtudes, como a experiência irá te ensinar facilmente.

Já dissemos o suficiente sobre a conjuração solene dos espíritos.

Também já falamos o suficiente, em nossa presente *Clavícula*, sobre a maneira necessária de atrair os espíritos de modo a fazer com que eles falem. Agora, pelo auxílio divino, eu te ensinarei como realizar certos experimentos com sucesso.

Saibas, ó meu filho Roboão[65], que todos os sigilos, caracteres e nomes divinos (que são as coisas mais preciosas e excelentes na natureza, seja terrena ou celestial) deverão ser escritos por ti separadamente, quando estiveres em estado de graça e pureza, em papiro virgem, com tinta comum, no início do mês de agosto[66], antes da aurora, levantando teus olhos para o céu, e virando para o Leste. Deves preservá-los para suspendê-los em teu pescoço, sempre que desejares, no dia e hora em que nasceste; após o que deves ter a cautela de nomear todos os dias dez vezes o nome que pende de teu pescoço, voltando-se para o Leste; e tu te assegurarás que nenhum encanto ou qualquer outro perigo terá poder de te fazer o mal.

Ademais, irás subjugar todas as adversidades, e serás querido e amado por todos os anjos e espíritos, desde que tu tenhas feito os caracteres deles e os tenhas sobre ti; eu te asseguro que este é o verdadeiro caminho para o sucesso fácil em todas as tuas operações, pois, ao seres fortificado com nomes, caracteres e sigilos divinos, aplicáveis à operação, tu descobrirás com que exatidão sobrenatural e grande prontidão as coisas celestiais e terrenas te serão obedientes. Mas tudo isso será verdadeiro apenas quando acompanhado dos pentáculos que aqui se seguem, vendo que os selos, caracteres e nomes divinos servem apenas para fortificar o trabalho, para te preservar de acidentes imprevistos e atrair a familiaridade dos anjos e espíritos, o que é uma das razões, meu filho, pelas quais, antes de fazeres qualquer experimento, eu te ordeno a ler e reler meu testamento, não uma, mas muitas vezes, estando assim perfeitamente instruído nas várias cerimônias que não desejarás que falhem de nenhuma maneira, e que assim o que tenha antes te parecido difícil e longo se tornará, no processo do tempo, fácil e de grande uso.

Estou para dotar-te de vários segredos, os quais te encarrego de jamais usar para um fim maléfico, pois MALDITO SEJA AQUELE QUE TOMA O NOME DE DEUS TODO-PODEROSO EM VÃO; mas deves sem outras cerimônias deles fazer uso, desde que, conforme já disse, tenhas apenas a glória do Deus Eterno como intuito. Assim, após ter te ensinado todas as cerimônias acerca da maneira de realizar as operações, estou finalmente determinado a fazer de ti partícipe dos segredos

65 O texto a partir daqui até o final do capítulo só consta no manuscrito Lansdowne 1203.

66 Ou seja, quando o Sol está em Leão.

dos quais tenho conhecimento particular, desconhecidos até hoje dos homens; porém, apenas com a condição de que não tentes arruinar e destruir teu próximo, pois o sangue dele irá clamar a Deus por vingança, e no final tu e os teus irão sentir a ira justa de uma deidade ofendida. No entanto, não tendo Deus proibido prazeres honestos e lícitos, irás realizar com audácia as operações que se seguem, sendo sempre especialmente necessário distinguir o bem do mal, assim como escolher o primeiro e evitar o último, que é o motivo pelo qual te ordeno a prestar atenção em tudo que está contido em meu testamento.

CAPÍTULO 9

Do experimento acerca de coisas roubadas e como ele deve ser realizado.

Meu amado filho, se encontrares algum roubo, deverás fazer como eu ordeno aqui, e com a ajuda de Deus irás encontrar o que foi levado.

Se as horas e dias não forem indicados nesta operação, tu irás te referir ao que já foi dito. Mas, antes de começar qualquer operação para recuperar coisas roubadas, após fazer todas as preparações necessárias, tu dirás a seguinte oração:

A ORAÇÃO

Ateh Adonai Elohim Asher Ha-Shamain Ve-Ha-Aretz etc.[67]

Tu, ó Senhor, que fizeste Céu e Terra, e os mediste no oco de Tua mão; Tu que estás sentado sobre os querubins e serafins, nos lugares altos, onde o conhecimento humano não pode penetrar; Tu que criaste todas as coisas por Tua ação, em cuja presença estão as criaturas vivas, das quais quatro são maravilhosamente voláteis com seis asas, e que incessantemente clamam alto: "'QADOSCH, QADOSCH, QADOSCH, ADONAI ELOHIM TZABAOTH, Céu e Terra estão cheios de Tua glória". Ó Senhor Deus, Tu que expulsaste Adão do paraíso terreno, e que colocaste os querubins para guardar a Árvore da Vida, Tu que és o Senhor que sozinho faz maravilhas; manifesta, eu imploro, a Tua grande misericórdia, pela cidade santa de Jerusalém, e pelo Teu nome maravilhoso de quatro letras, que são YOD, HE, VAU, HE, e por Teu nome santo e admirável, que me concedas o poder e a virtude para me permitir realizar este experimento, e conseguir o resultado desejado desta operação; por meio de Ti, que és vida, e a quem a vida pertence até as eras eternas. Amém.

---

67 Este é simplesmente o hebraico da prece que se segue; mas nos códices manuscritos ela está tão mutilada que não tem valor.

Depois disso, perfumes e incenses o local com bons perfumes e odores doces. O lugar mencionado deve estar puro, limpo, livre de interrupções ou distúrbios, e apropriado para o trabalho, como mostraremos adiante. Então aspirjas o local com água consagrada, como foi explicado no capítulo a respeito dos círculos.

Tendo a operação sido assim preparada, deves pesquisar a conjuração necessária para este experimento, ao final da qual deves dizer o seguinte:

> Ó Pai e Senhor Todo-Poderoso, Tu que contemplas o Céu, a Terra e o Abismo, misericordiosamente concede a mim, pelo Teu nome sagrado escrito com quatro letras, YOD, HE, VAU, He, que por este exorcismo eu possa obter virtude, Tu que és IAH, IAH, IAH, dês-me a graça que pelo Teu poder estes espíritos descubram o que requisitamos e que esperamos encontrar, e que eles se desvelem e nos digam que pessoas cometeram o roubo, e onde elas podem ser encontradas.
>
> Eu vos conjuro novamente espíritos nomeados acima, por todos os nomes ditos, pelos quais todas as coisas criadas estremecem, que vos mostreis abertamente diante de mim (ou para esta criança aqui presente conosco[68]) as coisas que buscamos.

Tendo essas coisas sido realizadas, elas farão com que vejas claramente o que buscas. Nota que o exorcista, ou Mestre da Arte, deve estar como ordenado no capítulo acerca dele e seus companheiros; e se neste experimento for necessário escrever caracteres ou nomes, deves fazer o que é necessário observar a respeito da caneta, da tinta e do papel, como devidamente ordenado nos capítulos a respeito disso.

Se tu não observares estas coisas, não conseguirás o que desejas, nem chegarás ao resultado esperado.

---

68 Uma criança usada como clarividente na operação; como ainda é costume em algumas partes do Oriente.

Como descobrir quem cometeu um roubo[69]

Toma uma peneira e a suspende por um pedaço de corda com a qual um homem tenha sido enforcado, a qual deverá ser amarrada ao longo da circunferência do aro. Dentro do aro escreve com sangue nas quatro divisões os caracteres mostrados na figura 4.

Fig. 4.

Depois disso, toma um alguidar de bronze perfeitamente limpo, que irás encher com água de uma fonte, e, após teres pronunciado estas palavras: DIES MIES YES-CHET BENE DONE FET DONNIMA METEMAUZ; gira a peneira com tua mão esquerda, e ao mesmo tempo gira com tua mão direita a água do alguidar na direção contrária, mexendo com um graveto de louro verde. Quando a água estiver parada e a peneira não estiver mais girando, olha fixamente para a água, e verás a forma daquele que cometeu o roubo; para que possas reconhecê-lo mais facilmente, deverás marcá-lo em uma parte do rosto com a espada mágica da arte, pois o sinal que tiveres cortado na água irá ser encontrado de verdade nesta pessoa.

A maneira de girar a peneira, para que possas saber quem cometeu o roubo[70]

Toma uma peneira e espeta do lado de fora do aro as pontas abertas de um par de tesouras, e, tendo colocado as argolas da tesoura nas unhas dos polegares de duas pessoas, que uma delas diga a prece a seguir.

---

69 O resto deste capítulo é do manuscrito Lansdowne 1230.

70 Esta é a divinação ancestral pela peneira e tesouras, e, com são Pedro e são Paulo sendo mencionados, ela evidentemente sofreu uma reconstrução medieval.

PRECE

DIES MIES YES-CHET BENE DONE FET DONNIMA METEMAUZ; ó Senhor, que livraste santa Susana da falsa acusação de um crime; ó Senhor, que libertaste santa Tecla; ó Senhor, que resgataste são Daniel da cova dos leões e as três crianças da fornalha ardente, libertes os inocentes e reveles os culpados.

Depois disso, que ele ou ela diga alto os nomes e sobrenomes de todas as pessoas que moram na casa onde o roubo foi cometido, que possam ser suspeitos de ter roubado as coisas em questão, dizendo:

"Por são Pedro e são Paulo, tal pessoa não fez isso."

E que a outra responda:

"Por são Pedro e são Paulo, ele (ou ela) não fez isso."

Que isso seja repetido três vezes para cada pessoa suspeita nomeada, e é certo que, ao nomear a pessoa que cometeu o roubo ou o crime, a peneira irá girar por si mesma, sem poder parar, e com isso saberás quem é o malfeitor.

CAPÍTULO 10

Do experimento da invisibilidade e como deve ser realizado.

Se desejares executar o experimento da invisibilidade, deves seguir as instruções para ele. Se for necessário observar o dia e a hora, deves fazer como foi dito em seus capítulos. Mas se não precisares observar o dia e a hora marcados no dito capítulo, deves fazer como ensinado no capítulo que o precede. Se, no decorrer do experimento, for necessário escrever qualquer coisa, que isso seja feito como descrito nos capítulos relacionados ao assunto, com caneta, papel e tinta ou sangue apropriados. Mas, se a matéria deverá ser obtida por invocação, antes das conjurações, dirás devotamente em teu coração:

> SCEABOLES, ARBARON, ELOHI, ELIMIGITH, HERENOBULCULE, METHE, BALUTH, TIMAYAL, VILLAQUIEL, TEVENI, YEVIE, FERETE, BACUHABA, GUVARIN[71]; por Ele pelo qual vós tendes império e poder sobre os homens, deveis realizar este trabalho para que eu fique e permaneça invisível.

E se for necessário traçar um círculo nesta operação, deves proceder como ordenado nos capítulos a respeito desse assunto; caso seja preciso escrever caracteres etc., sigas as instruções dadas nos respectivos capítulos.

---

71 N.d.T. Os nomes dados por Peterson em seu livro são: Saboles, Habaron, Elohi, Elimigit, Gabeloy Semition, Metinolach, Labalitena, Neromobel, Calemere, Daluti, Timaguel, Villaguel, Tevemis, Serie, Jerete, Baruchaba, Athonavel, Baracaba, Eraticum

Esta operação estando assim preparada, se houver[72] uma conjuração especial a ser realizada, tu a repetirás da maneira apropriada; se não, dirás a conjuração geral, no final da qual deves adicionar as palavras a seguir.

> Ó tu ALMIRAS, mestre da invisibilidade, com teus ministros CHEROG, MAITOR, TANGEDEM, TRANSIDIM, SUVANTOS, ABELAIOS, BORED, BELAMITH, CASTUMI, DABUEL; eu vos conjuro por Ele que faz a Terra e o Céu estremecerem, que está sentado no trono de Sua Majestade, para que esta operação seja realizada perfeitamente de acordo com minha vontade, para que em qualquer hora que eu deseje eu possa ficar invisível.
>
> Eu te conjuro novamente, ó ALMIRAS[73], chefe da invisibilidade, tu e teus ministros, por Ele pelo qual todas as coisas são, e por SATURIEL, HARCHIEL, DANIEL, BENIEL, ASSIMONEM, para que venhas imediatamente para cá com todos os teus ministros, e realizes esta operação, como sabes que deve ser realizada, e que pela mesma operação tu me tornes invisível, para que ninguém possa me ver.

Para executar a operação acima mencionada, precisas preparar todas as coisas necessárias com cuidado e diligência indispensáveis, e colocá-las em prática com todas as cerimônias gerais e particulares para tais experimentos, e com todas as condições contidas nos nossos primeiro e segundo livros. Tu ainda deverás, nas mesmas operações, repetir devidamente as conjurações apropriadas, com todas as solenidades assinaladas em seus respectivos capítulos. Assim realizarás o experimento asseguradamente e sem estorvo, e isso verás que é verdade.

Mas se, pelo contrário, deixares qualquer uma destas coisas te escapar, ou se as desprezares, jamais chegarás ao fim desejado, como, por exemplo, não entramos com facilidade em uma cidade cercada por sobre seus muros, mas por seus portões.

---

72 N.d.T. Os nomes na edição de Peterson são: Alniras, Cheros, Mayton, Metagir, Ebiros, Dionedis, Ugemenos, Abadem, Periberim, Trangialem, Transidem, Succantos, Abeloy, Bored, Belamia, Castormy, Detel.

73 N.d.T. Neste trecho, os nomes no livro de Peterson são: Alniras, Saturiel, Archiel, Daniel, Bellie, Asimone.

Como tornar-se invisível[74]

Faze uma pequena imagem de cera amarela, na forma de um homem, no mês de janeiro e na hora de Saturno, e escreve com uma agulha sobre a coroa da cabeça da figura e sobre seu crânio, que terás levantado habilmente, o seguinte caractere (veja a figura 5). Depois disso, recoloca o crânio em seu devido lugar. Escreve, então, sobre uma pequena tira de pele de sapo ou rã, que deverás ter matado, as seguintes palavras e caracteres (veja figura 6). Então suspenderás a mencionada figura em um de teus cabelos na abóbada de uma caverna, à meia-noite, e, perfumando-a com o incenso apropriado, dirás:

> METATRON, MELEKH, BEROTH, NOTH, VENIBBETH, MACH, todos vós, eu te conjuro, ó figura de cera, pelo Deus Vivo, que, pela virtude desses caracteres e palavras, tu me tornes invisível, sempre que eu te levar comigo. Amém.

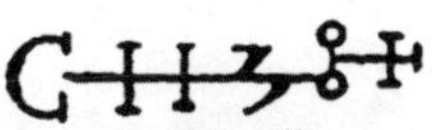

Fig. 5.

Fig. 6.

Após tê-la incensado novamente, deves enterrá-la no mesmo local em uma pequena caixa de pinheiro, e cada vez que desejares passar por um lugar ou adentrá-lo sem ser visto, dirás estas palavras, com a figura em teu bolso esquerdo:

Vem a mim e nunca me abandones, aonde quer que eu vá.

Depois disso, irás colocá-la com cuidado de volta ao local mencionado e cobri-la com terra até precisares dela de novo.

74 O resto deste capítulo é do manuscrito Lansdowne 1203.

CAPÍTULO 11

Para impedir um caçador de matar qualquer caça[75].

Toma um graveto de sabugueiro verde, do qual deverás tirar o âmago das duas pontas. Em cada uma delas, coloca uma tira de pergaminho de pele de lebre, tendo escrito nela com o sangue de uma galinha preta os seguintes caractere e palavra (ver figura 7). Após ter feito duas dessas tiras, coloca uma em cada ponta do graveto e fecha as aberturas com o âmago. Depois, em uma sexta-feira do mês de fevereiro, deves fumigar o graveto com incenso apropriado três vezes no ar; e, tendo-o tomado, irás enterrá-lo no solo debaixo de um pé de sabugueiro. Depois, irás expô-lo no caminho pelo qual o caçador irá passar, e, uma vez que tenha passado, ele não terá esperanças de matar qualquer caça naquele dia. Se desejares colocar um feitiço de maneira semelhante sobre ele uma segunda vez, precisas apenas expor o graveto de novo no caminho dele; mas toma o cuidado de enterrá-lo novamente sob o pé de sabugueiro, assim poderás tirá-lo cada vez que tiver necessidade; e de, a cada vez, retirá-lo assim que o caçador tiver passado.

Fig. 7.

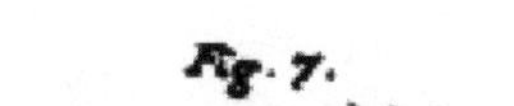

75 Este capítulo foi tirado do manuscrito Lansdowne 1203.

CAPÍTULO 12

Como fazer as ligas mágicas[76].

Toma pele de veado suficiente para fazer duas ligas tubulares ocas, mas, antes de costurá-las, escreve no lado da pele que estava próximo da carne as palavras e caracteres mostrados na figura 8 com sangue de uma lebre morta em 25 de junho e, tendo enchido as ligas com artemísia também colhida no mesmo dia, antes do nascer do sol, colocarás nas extremidades de cada uma delas o olho de um peixe chamado bardo; e quando quiseres usá-las, deverás levantar-te antes do nascer do sol e lavá-las em um riacho de água corrente, e colocá-las cada uma em uma perna, sobre o joelho. Depois disso, tomarás uma vara curta de azinheira cortada também em 25 de junho, irás virá-la na direção em que desejas seguir e escreverás no chão o nome do lugar; e, começando tua jornada, verás que será realizada em poucos dias e sem fatiga. Quando desejares parar, deves apenas dizer AMECH e golpear o ar com a vara mencionada, e de pronto estarás no chão firme.

Fig. 8.

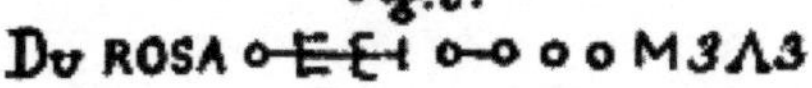

76 Este capítulo também foi extraído do manuscrito Lansdowne 1203.

CAPÍTULO 13

Como fazer o tapete mágico apropriado para interrogar inteligências, para obter uma resposta sobre qualquer assunto que alguém queira saber[77].

Faze um tapete de lã branca nova, e, quando a lua estiver cheia, no signo de Capricórnio e na hora do Sol, vai até o campo, longe de qualquer moradia, e, em um local livre de todas as impurezas, estenda o tapete de maneira que uma de suas pontas esteja voltada para o Leste, outra, para o Oeste; e, fazendo um círculo ao redor do tapete, deverás ficar dentro dele, no ponto voltado para o Leste, segurando tua vara no ar para cada operação, invocarás MIGUEL78; em direção ao Norte, RAFAEL; em direção ao Oeste, GABRIEL; e em direção ao Sul, MURIEL. Depois disso, voltarás ao ponto do Leste, invocarás com devoção o grande nome AGLA, e tomarás este ponto do tapete em tua mão esquerda; voltando-te então ao Norte, deverás fazer o mesmo, assim continuando com os outros pontos do tapete; deverás levantá-lo de modo que não toquem o chão, e voltando-te de novo para a direção Leste, dirás com grande veneração a seguinte oração:

PRECE

AGLA, AGLA, AGLA, AGLA; ó Deus Todo-Poderoso que é a vida do universo e que reina sobre as quatro divisões de sua vasta forma

77 Capítulo também retirado do manuscrito Lansdowne 1203.

78 Normalmente tenho encontrado Miguel atribuído ao Sul; Rafael; ao Leste; Gabriel; ao Oeste; e Auriel; ao Norte. Da mesma maneira acredito que o operador deve se voltar seguindo o curso do Sol, e não ao contrário, como no texto.

> pela força e pela virtude das quatro letras de Teu santo nome Tegragrammaton, YOD, HE, VAU, HE, abençoa em Teu nome esta coberta que seguro como abençoaste o manto de Elias nas mãos de Eliseu, para que, sendo coberto por Tuas asas, nada possa me ferir, conforme é dito: "Ele se esconderá sob Suas asas e sob Suas penas deverás confiar, Sua verdade será teu escudo e ancil".

Depois disso, deverás dobrá-lo, dizendo as seguintes palavras: RECABUSTIRA, CABUSTIRA, BUSTIRA, TIRA, RA, A; e o guardarás com cuidado para te servir quando necessitares.

Quando desejares fazer tuas interrogações, escolhe uma noite de lua cheia ou nova, da meia-noite até o raiar do dia. Tu te transportarás até o local apontado se for para o propósito de descobrir um tesouro; se não, qualquer local servirá, desde que esteja limpo e puro. Tendo tido a precaução de, na noite anterior, ter escrito em um pedaço de papiro virgem tingido de azul, com uma caneta feita da pena de um pombo, estes caractere e nome (ver figura 9); tomando o carpete, cobrirás tua cabeça e teu corpo com ele, e, levando o incensório, com fogo novo dentro, o colocarás no local apropriado e nele lançarás algum incenso. Então te prostrarás no chão, com a face voltada para a terra, antes que o incenso comece a fazer fumaça, mantendo o fogo do mesmo sob o tapete, segurando tua vara voltada para cima, contra a qual irás colocar teu queixo; deverás segurar com tua mão direita o pedaço de pergaminho antes mencionado contra tua testa, e dirás as seguintes palavras:

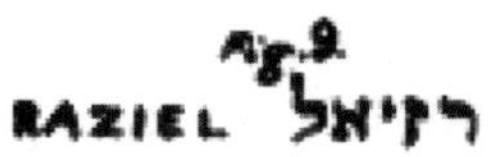

> VEGALE, HAMICATA, UMSA, TERATA, YEH, DAH, MA, BAXASOXA, UN, HORAH, HIMESERE[79]; ó Deus, o Vasto, me envia a inspiração de tua luz, me faze descobrir o segredo que te peço, qualquer seja ele, me faças buscá-lo com a ajuda de Teus ministros sagrados RAZIEL, TZAPHNIEL, MATMONIEL; ó Tu que desejaste verdade no jovem, e nas coisas escondidas, me faze encontrar a sabedoria. RECABUSTIRA, CABUSTIRA, BUSTIRA, TIRA, RA, A, KARKAHITA, KAHITA, HITA, TA.

E tu ouvirás distintamente a resposta que procuravas.

---

79 Estas são provavelmente corruptelas de palavras hebraicas derivadas da prece em si.

CAPÍTULO 14[80]

Como se tornar o mestre de um tesouro possuído pelos espíritos.

Sendo a Terra habitada, como te disse antes, por um grande número de seres e espíritos celestiais, que, por sua sutileza e provisão, conhecem os lugares onde tesouros estão escondidos, vejo que frequentemente ocorre que os homens que buscam tais tesouros são molestados e mesmo mortos pelos espíritos mencionados, que são chamados gnomos; o que, no entanto, não ocorre por causa de avareza dos gnomos, um espírito sendo incapaz de possuir qualquer coisa, sem senso material para fazer uso dela, mas porque esses espíritos, que são inimigos das paixões, do mesmo modo o são da avareza, à qual os homens são tão inclinados; e, prevendo as finalidades perversas para as quais esses tesouros serão empregados, têm algum interesse e buscam manter a Terra em suas condições de preço e valor, vendo que são seus habitantes, e quando perturbam levemente quem busca esse tipo de tesouro, é um aviso para que deixem de trabalhar, e se ocorrer que a importunidade gananciosa dos tais homens os obrigue a continuar, apesar dos mencionados avisos, os espíritos, irritados pelo desprezo deles, frequentemente os matam. Mas saibas, ó meu filho, que a partir do momento que tiveres a boa sorte de ser familiar com tais tipos de espírito, e que souberes, pelos meios que eu te ensinei, submetê-los às tuas ordens, eles estarão contentes em te dar e partilhar contigo aquilo que possuem inutilmente, desde que teu objetivo e tua finalidade sejam fazer bom uso dele.

80 Também tirado do manuscrito Lansdowne 1203.

A maneira de realizar a operação

Em um domingo antes do nascer do sol, entre 10 de julho e 20 de agosto, quando a lua estiver no signo de Leão, vai a um local no qual sabes, pela interrogação das inteligências ou por outra maneira, que há um tesouro; ali farás um círculo de tamanho suficiente, com a espada da arte mágica, onde abrirás o chão, da maneira que a natureza permitir; três vezes durante o dia deverás incensá-lo com o incenso apropriado para a data, depois do que, usando as vestimentas próprias para a operação, suspenderás de algum modo, por uma máquina imediatamente acima da abertura, uma lamparina, cujo óleo deverá ser misturado com a gordura de um homem que morreu no mês de julho, o pavio tendo sido feito da mortalha em que ele foi enterrado. Tendo acendido este fogo, deverás fortificar os trabalhadores com uma cinta feita da pele de um bode morto recentemente, na qual estarão escritos, com sangue do homem morto de onde tiraste a gordura, essas palavras e caracteres (ver figura 10); e os mandarás a trabalhar em segurança, avisando-os para não ficarem de modo algum perturbados pelos espectros que verão, mas sim trabalharem corajosamente. No caso de eles não conseguirem terminar o trabalho em um único dia, a cada vez que partirem, tu deverás fazer com que coloquem uma cobertura de madeira no buraco, e, sobre ela, cerca de seis pés de terra[81]; e assim continuarás até o final, estando sempre presente com as vestes da arte, e com a espada mágica, durante a operação. Depois deverás repetir essa prece:

PRECE

ADONAI, ELOHIM, EL, EHEIEH ASHER EHEIEH, Príncipe dos Príncipes, tem piedade de mim e derrama Teus olhos sobre Teu servo (nome), que Te invoca do modo mais devotado e Te suplica, por Teu nome santo e tremendo Tetragrammaton, a ser propício, e ordenar que Teus anjos e espíritos venham e façam sua moradia neste lugar; ó vós, anjos e espíritos das estrelas, ó vós, anjos e espíritos elementais, ó todos os espíritos presentes diante da face de Deus, eu, ministro e mais fiel servo do Altíssimo, vos conjuro, que Deus em si, a Existência das Existências, vos conjure a virdes e estardes presentes nesta operação, eu, o servo de Deus, humildemente vos suplico. Amém.

---

81 N.d.T. 182,90 cm.

Fig. 10.

NOPA 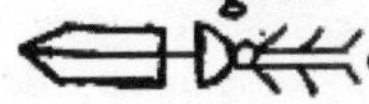 O PADOUS

Fazendo os trabalhadores encherem o buraco, deves dar licença para partir aos espíritos, agradecendo-lhes pelo favor que mostraram a ti, dizendo:

A LICENÇA PARA PARTIR

Ó vós, espíritos benéficos e felizes, vos agradecemos pelos benefícios que agora mesmo recebemos de vossa honesta bondade; parti em paz para governar o elemento que Deus destinou a vós como habitação. Amém.

Experimento do amor, e como deve ser realizado

Se desejares empreender quaisquer experimentos de favorecimento, influência ou amor de qualquer pessoa, seja homem ou mulher, é preciso que o operador tenha se preparado da maneira indicada no capítulo a respeito do exorcismo (Livro II, capítulo 2). Então começarás a fazer o dito experimento, que deves completar na hora indicada, mas, se o tempo e o dia não forem dados, uses aqueles discutidos no capítulo das horas. Se o experimento requer uma imagem de cera ou de qualquer outro material, deves prepará-la especialmente como descrito no capítulo sobre o assunto (Livro II, capítulo 18). Depois, dirás as seguintes palavras sobre o material preparado:

Noga, Jes, Asropolim, Asmo, Couau, Zedæ, Vesabaday, Serim, Emis, Liuaria, Eurim, Babus, Jasator, Jehi, Pirus, Theut, Vereset, Lanistarod, Ladonay, Eritret, Viloparas, Tamis, Astropiel, Seriel, Accoponiel, Lucontaphoras, Latisten, Omoratos, Epicharmas, Sophtorim, Pironias, Sonotrabas, Bislorium, Inopason, Necopolites, Vsion, Omas, Cados, Moas, Sophina, Amos, Tratos, Soma, Inaso, Jesel, Aby, Galien, Inauis, Astartem, Astanimin, Darauicies, Affacum, Ara, Meli, Egeriel, Artabael, Biliach, Boncifal, Osau, Arari, Zeuper, Mador, Ariel, Zeuiet, Alnina, Latisten, Belfer, Emulzard, Aglato, Ton, Ely, Phatexion, Zelatente, Pumaton,

Tucon, Nastrashit, Meri, Meauel, Genitu, Lerphoram, Caribom, Sugam, Acenide, Calrmi, Zacmeni, Bermona, Caaglaot, Temptator, Somniator, Accusator. Eu vos conjuro, todos os ministros do amor e da fornicação, Ele que os lançou ao Inferno, e por todos os Seus nomes que vos cegam diariamente, para que consagreis e confirmeis esta cera aqui presente, e que ela tenha a virtude desejada que pode com potência ganhar, pelo poder e pela grandeza do mais sagrado Adonai, cujo Malkuth (reino) perdura até o final das eras das eras. Amém.

Tendo completado tais coisas, modela a imagem descrita no experimento, e se for necessário escrever sobre ela, usa a agulha ou faca pena e tinta da arte. Se for preciso incensar ou se forem requisitadas outras observâncias, vejas as instruções nos capítulos relevantes. E, se uma invocação deve ser feita, que seja como a especificada acima, e, ao final de tuas conjurações, faças as fumigações, e segures a imagem sobre a fumaça, dizendo:

Ó Oriens, distinto rei que reina e rege o Leste, cujo comando e reino têm seu começo no século, e irá durar até o fim do século.

Ó Paymon, poderoso rei que rege a parte oeste do Céu.

Ó Egym, vigoroso rei cujo reino e comando se estendem ao gélido Norte.

Ó Amaymon, nobilíssimo rei cujos domínios são o Sul.

Eu poderosamente vos invoco e arduamente vos imploro, por Ele que disse e foi feito, e que, com apenas uma palavra tudo criou, e ao qual toda a criação obedece, pelo trono de Sua Majestade, pela Sua vontade e Seu nome, que existia antes que as eras fossem criadas, e que é escrito com quarto letras, Yod, He, Vau, He, por todas as canderias[82], e suas virtudes, e pelos emblemas e nomes do Criador, para que esta imagem aqui presente seja apropriadamente consagrada e modelada, de modo que obtenha a virtude desejada. Pelo mais santo nome Adonai, cuja virtude não tem início, e não terá fim.

Isto feito, conjura novamente usando a conjuração especificada no experimento em si, e se a mulher chegar nessa hora exata, está bem. Se, no entanto, ela não aparecer, coloca a imagem sob a cabeceira de tua cama e, em três dias, verás uma grande maravilha, pois a mulher virá a ti de pronto, ou te enviará uma mensagem.

---

82 N.d.T. Em outros textos semelhantes, o termo "canderia" é dado como sinônimo de pentáculos ou medalhas.

Se a imagem for pintada ou gravada em qualquer metal, ou fundida em chumbo ou estanho, faze como foi dito, e se o experimento requerer que caracteres ou nomes sejam escritos ou pintados, utiliza papel, a agulha, a faca pena e cores (ou então tinta), conforme descrito nos lugares apropriados, observando dias, horas e todas as solenidades necessárias exigidas pelo experimento.

Se, no entanto, o experimento requerer que toques a amada, ou que coloques um breve (sumário curto ou carta), ou coisa similar, sob a soleira da porta ou outro lugar pelo qual a mulher deva passar, se o experimento exigir que uma poeira seja feita e polvilhada, ou requerer algo para ser comido ou bebido, assegura-te de observar solenemente as horas, tempos, materiais e ferramentas, conforme descrito nos capítulos relevantes. Depois, dize a seguinte oração sobre a poeira a ser espalhada ou coisas a serem comidas ou bebidas:

> Em qualquer parte do mundo em que estejais, e qual sejam os nomes pelos quais deveis ser chamados, eu vos conjuro e apelo a vós, ó demônios que têm o poder de virar os corações de homens e mulheres, por Aquele que vos criou do nada, para que nesta noite imediatamente aprazais sem demora, face a face, [exercendo vossa influência (?)] sobre essa coisa, de modo que se torne consagrada, e eu possa aceitar a virtude de enlaçar [ou gentilmente atrair][83] todos os homens e mulheres que desejo, com amor por mim.

Então realiza as coisas descritas no experimento, e com ele escrito em figuras e caracteres em nome de qualquer pessoa, de modo que ela passe sobre ele. Uma vez que os caracteres, a figura, a imagem de cera e outros materiais tiverem sido preparados ou inscritos, dize sobre essas coisas a seguinte conjuração:

> Conjuro-vos, por aquele que vos cria e faz com que eu seja criado, e pelo tremendo, ó Senhor do Juízo, e por aquele que rege o orbe, que faz toda criatura! Neste dia e noite, consagrai e confirmai estes caracteres, ou figuras, ou imagens escritas! A esta virgem nesta maneira convém que obtenha em si virtude tal que, se eu tiver dado a quem quer que seja esta figura ou a eu tiver mostrado ou sobre os próprios eu tiver tocado ou sobre a própria eu tiver podido transitar ou eu tiver

83 Este trecho é adicionado no manuscrito Add. 10862 (Joseph H. Peterson).

feito, que possa me amar e gostar! E me ame e goste e sempre somente me cobice, todos os outros por nada, que tenha toda sua cogitação e que seja descanso sobre mim.

Depois mantenha o experimento sob um altar, e deverá funcionar como dissemos.[84]

Experimento ou operação da fruta[85]

Quando desejares realizar o experimento da fruta, prepara o mesmo no dia e na hora apropriada. Deve ser uma fruta bela, sem manchas (e quando eu digo fruta, entendas qualquer tipo de produto).

Deves então tomar a fruta em tua mão em um lugar secreto, e antes que a colhas da árvore (se ainda necessitar de colheita), asperge-a com a água da arte. Então, no local secreto, toma a fruta, usando incenso, e dizendo esta oração sobre ela:

> Ó Deus Todo-Poderoso que criaste a Terra, Tu que maravilhosamente trabalhaste para fazer Eva da costela de Adão, quem, assim como lhe deu a fruta para comer, o fez pecar; faze também com que aquela que comer ou tocar esta fruta obedeça sempre minha vontade.
>
> Eu te conjuro, ó fruta, por aquele que te fez, e por seus mais sagrados nomes EL, ELOHIM, ELOHA, EHEIE ASHER EHEIE, e pelos três príncipes dos anjos do Paraíso, Miguel, Gabriel e Rafael, e por todos os céus e legiões de anjos.
>
> Do mesmo modo, pela força de Deus e de seus inefáveis nomes, ditos JOD, HE, VAU, HE, JAH, AGLA, PRIMATON, SADAY, JAH, JAH, JAH, EL, EL, EL, ENSOPH, que criou todas as coisas, e mesmo as eras no início das eras, faças com que ela que comer ou tocar esta fruta não tenha descanso até que realize completamente minha vontade.
>
> Da mesma maneira eu te conjuro, ó fruta, por Kether, por Hochma, por Binah e por todas as dez sephiroth, e também por todos os demônios do abismo infernal, para que ela (ou ele) a quem eu te dê ou

84 N.d.T. Aqui existe uma divergência entre os textos básicos com que trabalhamos. Em uma das versões, aparece assim.

85 O texto usa "pomum" no título do capítulo e na primeira parte da sentença, o que pode significar qualquer tipo de fruta. A observação entre parênteses usa a palavra "fructus", que pode significar qualquer tipo de produto. O manuscrito francês K288 traduz o latim "pomum" como "pomme" (maçã): "et tout ce que je dis de la pomme, je le dis pareillement de toutes sortes de fruits, comme Poire, Pêche" (e sempre que eu digo "maçã", isso significa qualquer tipo de fruta, como pera, pêssego). (Joseph. H. Peterson)

mostre, ou te faça tocar, seja inflamado pelo fogo do amor por mim, de modo que ela não descansará até que realize minha vontade.

E, se você precisar escrever qualquer coisa na fruta, siga os ensinamentos desta arte[86].

Tu poderás também fazer outros experimentos de amor, que envolvem olhar fixamente para a visão e olhos da mulher. Neste caso, tais experimentos são preparados nas horas e tempos apropriados, como acima[87].

A operação de amor pelos sonhos dela, e como deve ser praticada

Este é um experimento inefável se desejares desfrutar de uma amante em um sonho. Antes de começares a conjuração em nome daquela com quem desejas sonhar (operando na hora mencionada no segundo livro), observa que o céu esteja limpo. Deves ajudar se ficares de pé em teus aposentos olhando para o céu, as estrelas e a Lua, e humildemente dizeres em teu coração:

> AGLA, IOD, HE, VAU, HE, IAH, IAH, IAH, VA, VA, VA, IAH, IAH, HANISTAROD, ADONAI, ELOHENO, VEHANIGLOD LANU, ULBANENO, GAALGOLAM[88], ó Senhor, Santo e Todo-Poderoso Pai que tudo criou, e que conhece os corações dos homens e mulheres, eu rogo a ti pelos teus mais sagrados nomes mencionados acima para que ilumines o coração e a mente de (nome), para que ela me ame tanto como eu a amo, e que ela esteja pronta para fazer minha vontade. Ademais, enquanto esta imagem presente se deitar comigo, que (nome) sinta que ela deita em um doce abraço comigo em um sonho.

---

86 O manuscrito Add. 10862 adiciona: "escreva com a agulha, conforme dito no primeiro capítulo" (Joseph H. Peterson).

87 O manuscrito Aub. 24 continua com "De experimento Gratiae et Impetrationis" (o experimento de gratidão e favor), ou seja, capítulo 14 (Joseph H. Peterson). N.d.T. No livro de Mathers, capítulo 15.

88 No manuscrito M 276: "Agla Jod, hè, uau he Jah Jah Jah uah uah uah Jah Jah Jah anistarod l'Adonay eloenú ueanighlaod l'anu, ulbaneno gad olam." Miguel Sidlofsky identificou o trecho como uma corruptela do Deuteronômio, 29:28: "*Hanistarot la-YHVH (Adonay) Eloheynu vehaniglot lanu ulevaneynu ad olam*" (As coisas encobertas são para o Senhor, nosso Deus; porém as reveladas são para nós e para nossos filhos, para sempre). Textos rabínicos frequentemente citam este verso quando pedem cautela na revelação de mistérios (cabalísticos ou outros) às massas". (Comunicação pessoal). Aparentemente esta passagem é usada para a divinação em sonhos nos textos de Cabala prática (por exemplo, *Sefer Gematriot*, final do século 13 ou começo do 14). (Joseph H. Peterson). N.d.T. O versículo do Deuteronômio ao qual Peterson se refere, na numeração da Bíblia Almeida Revista e Corrigida, é 29.

Depois, quando quiseres realizar o mesmo experimento, coloca a imagem sob seu travesseiro[89], recita a conjuração acima três vezes, e verás o resultado. E certifica-te de observar tudo o que está colocado no primeiro capítulo do segundo livro.

89 Em latim (Add. 10862): "pluminare"; francês (K288): "l'oreiller". (Joseph H. Peterson)

CAPÍTULO 15

Do experimento buscando favor e amor[90].

Se desejares fazer o experimento de buscar favor e amor, observa de qual modo ele deve ser conduzido, e se depender do dia e da hora, faze-o dentro das especificações, que encontrarás no capítulo a respeito das horas; e se a operação requerer escrita, escreve como está dito no capítulo a esse respeito; e se for com acordos penais, pactos e fumigações, irás incensá-la com o perfume adequado de acordo com o capítulo sobre sufumigações; e se for necessário aspergir água e hissopo, que seja seguindo o capítulo a respeito deste assunto; do mesmo modo, se o experimento requerer caracteres, nomes ou similares, que sejam escritos de acordo com o capítulo sobre os caracteres; e os coloques no mesmo lugar limpo como foi dito. Então repetirás a seguinte oração:

A ORAÇÃO

Ó ADONAI, o mais sagrado, mais justo e mais poderoso Deus, tu que fizeste todas as coisas com a misericórdia e a justeza com que Tu és pleno, nos concede que sejamos considerados dignos de que este experimento seja tido como consagrado e perfeito, para que assim a luz possa ser emitida de Teu mais sagrado assento, ó ADONAI, que pode nos obter favor e amor. Amém.

90 Este capítulo foi retirado do manuscrito Add. 10862 (Mathers). N.d.T. Peterson, em seu livro, troca "amor" por "influência".

Isso dito, o colocarás em seda limpa e o enterrarás por um dia e uma noite na junção de quatro encruzilhadas; e quando desejares obter qualquer graça ou favor de alguém, toma-o, tendo-o previamente consagrado apropriadamente de acordo com a regra, e coloca-o em tua mão direita, e vê que o que desejas não te será negado. Mas se não fizeres o experimento com cuidado e correção, com certeza não terás sucesso de nenhuma maneira.

Para obter graça e amor, escreve as seguintes palavras:

> SATOR[91], AREPO, TENET, OPERA, ROTAS, IAH, IAH, IAH, ENAM, IAH, IAH, IAH, KETHER, CHOKMAH, BINAH, GEDULAH, GEBURAH, TIPHERETH, NETZACH, HOD, YESOD, MALKUTH, ABRAHAM, ISAAC, JACOB, SHADRACH, MESHACH, ABEDNEGO, estai todos presentes para meu auxílio e para o que eu desejar obter.

Tendo tais palavras sido escritas apropriadamente como acima, verás também que teu desejo acontecerá.

Sobre experimentos a serem feitos a respeito de ódio e discórdia[92]

Experimentos sobre inimigos podem ser realizados de diversas formas, mas, sejam imagens de cera ou outro instrumento, os particulares de cada um devem ser observados com fidelidade e diligência. Se o dia e a hora te falharem, procede como já foi colocado, e prepara a imagem ou instrumento apropriado para este efeito nesta ordem e maneira. Fumiga com os perfumes apropriados, e se escrita for requerida na imagem, que seja feita com agulha ou punhal da arte, como dito antes. Em seguida, recita as seguintes palavras sobre a imagem mencionada:

> VSOR, DILAPIDATOR, TENTATORE, SOMNIATORE, DEVORATOR, CONCISOR, ET SEDUCTOR. Ó todos vós ministros e acompa-

---

91 Este encantamento também é dado no manuscrito Sloane 1307, p. 76.

92 Este capítulo foi omitido por Mathers, mas está incluso em todos os manuscritos. A tradução é de A. E. Waite, no *Livro de magia cerimonial*, pp. 298 ff. No lugar dele, Mathers colocou o capítulo 29 do manuscrito L 1203, "Como se tornar mestre de um tesouro possuído por espíritos". O manuscrito Sloane 1307 adiciona um segundo experimento que envolve a confecção de suas imagens de cera, com as palavras "Apaga, Itulac, Di, Mas" e "Asgan, Artan, Alben, Apachiel, Satagel". (Joseph H. Peterson)

nhantes, eu diretamente vos conjuro, obrigo e ordeno a cumprirdes este comando de bom grado, nomeadamente e de pronto para consagrar esta imagem, que será feita em nome de (nome); para que, como a face de um é contrária ao outro, que o mesmo jamais olhe para o outro novamente.

Deposita a imagem em um local perfumado com odores malignos, especialmente os de Marte, como enxofre e assa-fétida. Deixa a figura ali por uma noite, tendo-a aspergido devidamente, observando o tempo e hora apropriados.

Procede da mesma maneira quando o experimento for realizado com caracteres e nomes, tocando os amantes com palavras ou de qualquer outro modo. Mas quando o experimento é feito dando algo de comer, o mesmo deve ser feito na hora e no dia apropriado para este trabalho.

Com tudo preparado, coloca-os diante de ti e dize:

> Onde estais vós, SOMNIATOR, VSOR, DILAPIDATOR, TENTATOR, DIVORATOR, CONCISOR, SEDUCTOR, vós que semeais discórdia, onde estais vós? Vós que infundis ódio e propagais inimizades, eu vos conjuro por Ele que criou para vós este ministério, a realizardes este trabalho, de modo que sempre que (nome) coma destas coisas, ou as toque, de qualquer maneira, que ele jamais esteja em paz.

Então dá o que desejares à pessoa designada, mas na hora de Saturno ou de Marte, observando todas as coisas necessárias para tais experimentos.

CAPÍTULO 16[93]

Como operações de zombaria, invisibilidade e enganações[94] devem ser preparadas.

Experimentos relacionados a truques, zombarias e enganações devem ser realizados de várias maneiras. Quando desejares praticar estes experimentos com relação a qualquer pessoa, deves observar o dia e a hora, conforme já dissemos. Caso seja necessário escrever caracteres ou palavras, isso deve ser feito em papel virgem, como mostraremos adiante. Sobre a tinta, se não for ordenada especialmente para esta operação, é aconselhável usar sangue de morcego com a caneta e a agulha da arte. Mas antes de inscreveres ou escreveres os caracteres e nomes, todas as regras necessárias devem ser observadas como colocado nos capítulos apropriados, e, tendo cuidadosamente seguido tudo isso, deverás pronunciar em voz alta as seguintes palavras:

> ABAC, ALDAL, IAT, HUDAC, GUTHAC, GUTHOR, GOMEH, TISTATOR, DERISOR, DESTATUR[95], vinde vós todos que amais os tempos e locais onde todos os tipos de zombaria e enganações são praticadas. E vós, que fazeis coisas desaparecerem e que as tornais invisíveis, vinde aqui para enganar todos aqueles que apreciam essas coisas, para que eles sejam enganados, e que pareçam ver o que não veem, e que escutem o que não escutam, de modo que seus sentidos sejam enganados, e que eles contemplem o que não é verdadeiro.
>
> Vinde então e permanecei, e consagrai este encantamento, vendo que Deus, o Senhor Todo-Poderoso, os destinou para tanto.

---

93 Este capítulo está nos manuscritos Add. 10862, Harleian 3981, King's 288, Sloane 3091 e Sloane 1307, mas não está em Lansdowne 1202, como todos os capítulos após o 8 no primeiro livro.

94 N.d.T. Na edição de Peterson, a palavra "enganações" é trocada por "desprezo" no título e no texto do capitulo.

95 N.d.T. Peterson registra os nomes aqui como: Abbac, Abdac, Istac, Audac, Castrac, Cuac, Cusor, Tristator, Derisor, Detestator, Incantator.

Quando este experimento for completado desta maneira, na hora e tempo que mostramos e ensinamos, também as palavras ABAC, ALDAL etc. devem ser escritas com a caneta como aqui ordenado; mas se o experimento for realizado de outra maneira, deverás sempre dizer as palavras mencionadas, e elas devem ser repetidas como indicado.

Se praticares tais coisas corretamente desta maneira, tu chegarás ao resultado de tuas operações e experimentos, pelos quais facilmente enganarás os sentidos.

CAPÍTULO 17

Como operações e experimentos extraordinários devem ser preparados.

Falamos nos capítulos precedentes de operações e experimentos comuns, que são os mais usuais para praticar e colocar em operação, e nisto tu verás facilmente que dissemos o suficiente para a perfeição deles. Neste capítulo tratamos dos experimentos extraordinários e incomuns, que também podem ser feitos de diversas maneiras.

Contudo, aqueles que desejam colocar em prática experimentos e operações dessa natureza devem observar os dias e horas necessários, conforme colocado no capítulo apropriado, e precisarão estar providos de papel virgem e de outras coisas necessárias. Tendo preparado um experimento semelhante, deves dizer:

A ORAÇÃO

Ó Deus que criaste todas as coisas, e nos deste discernimento para entender o bem e o mal; por teu nome santo e por estes nomes sagrados: IOD, IAH, VAU, DALETH, VAU, TZABAOTH, ZIO, AMATOR, CREATOR96, concede a nós que este experimento se torne verdadeiro e autêntico em minhas mãos pelo selo sagrado, ó ADONAI, cujo reino e império[97] perdurarão eternamente até a era das eras. Amém.

96 N.d.T. Os nomes dados por Peterson são: Iod, Iah, Vau, Palos, Tafor, Spazor, Zucor, Amator, Creator.

97 N.d.T. Em sua edição, Peterson coloca, após "teu nome santo", o trecho: "Adonai, e por teu nome santo que os sete coros de anjos servindo diante de tua face sempre proclamam com vozes incessantes". Os nomes dados por ele são: Iod, Iah, Vau, Palos, Tafor, Spazor, Zucor, Amator, Creator.

Tendo feito isso, deverás realizar o experimento, observando sua hora[98], perfumar e incensar conforme colocado no capítulo apropriado; aspergir a água exorcizada e desempenhar todas as cerimônias e solenidades conforme te instruiremos no Segundo Livro de nossa *Clavícula*.

98 N.d.T. A partir daqui, Peterson coloca o seguinte, presente nos manuscritos Aub. 24, Sl. 1307, e Add. 10862 em sua edição: "E então dirás a seguinte música: Asnorida, Dictilorida, Tresay, Bessay, Histan, Apassan, Irusolatos, Enitoritos, Terufiel, Acusiel, Tangadiat, Rizonat, Facultasim, Astrabaim, Darani, Arbei, Arfusa, Astara, e todos os espíritos nomeados, vinde de qualquer parte do universo em que estejais, para nos ajudar e assistir neste experimente, para que por meio de vós ele possa ser consagrado, e fortalecido, e confirmado, embora palavras tenham sido omitidas. Pelo mais sagrado nome Adonai, que vive e reina sem fim, ao longo de todas as eras das eras".

CAPÍTULO 18

A respeito dos pentáculos ou medalhas sagrados.

As medalhas, ou pentáculos, que fazemos com o propósito de impingir medo aos espíritos e reduzi-los à obediência, além disso, têm essa maravilhosa e excelente virtude. Se invocares os espíritos pela virtude destes pentáculos, eles te obedecerão sem repugnância, e, tendo-os contemplado, eles serão atingidos por estupefação, e os temerão, e os verás tão surpresos de medo e terror que nenhum deles será ousado o suficiente para desejar se opor à tua vontade. Eles também têm grande virtude e eficácia contra todos os perigos da Terra, do Ar, da Água e do Fogo, contra veneno que tenhas bebido, todos os tipos de enfermidade e necessidade, contra amarrações, sortilégios e feitiçarias, contra todo o terror e o medo, e, onde quer que te encontres, se estiveres armado com eles, estarás em segurança todos os dias de tua vida.

Por meio deles conseguimos adquirir graça e boa-vontade de homens e mulheres, fogo é extinto, água é parada, e todas as criaturas temem **à** visão dos nomes que estão neles, e obedecem por medo.

Estes pentáculos são normalmente feitos do metal mais adequado à natureza do planeta, e então não há necessidade de observar a regra das cores particulares. Eles devem ser gravados com os instrumentos da arte e nas horas próprias do planeta.

Saturno rege o chumbo; Júpiter, o estanho; Marte, o ferro; o Sol, o ouro; Vênus, o cobre; Mercúrio, a mistura de metais; e a Lua, a prata.

Eles também podem ser feitos em papel virgem exorcizado[99], es-

---

99 N.d.T. Neste ponto, Peterson insere a seguinte frase, presente nos manuscritos Aub. 24 e Add. 10862: "Com a faca de pena e tinta da arte".

critos com as cores adotadas para cada planeta, referindo-se às regras já colocadas nos capítulos apropriados, e de acordo com o planeta com que o pentáculo se encontra em afinidade.

Dessa forma, em Saturno a cor preta é apropriada; Júpiter rege o azul-celeste; Marte, o vermelho; o Sol, dourado, amarelo ou amarelo-esverdeado; Vênus, o verde; Mercúrio, cores mistas; e a Lua; prateado, ou a cor de terra argêntea.

O material com que os pentáculos são construídos deve ser virgem, nunca tendo sido usado para outro propósito; ou, no caso do metal, purificado por fogo.

A respeito do tamanho dos pentáculos, é arbitrário, desde que sejam feitos de acordo com as regras e solenidades requisitadas, conforme foi ordenado.

As virtudes[100] dos pentáculos sagrados não te são menos vantajosas que o conhecimento dos segredos que já te transmiti; e, se fores fazê-los em pergaminho virgem, deves tomar cuidado particular de usar as cores apropriadas; se os gravares em metal, faze-o da maneira que te foi ensinada; assim, terás a satisfação de vê-los produzir o efeito prometido. Sendo que esta ciência não é uma ciência de argumento e argumentação aberta, mas, pelo contrário, é inteiramente misteriosa e oculta, não devemos deliberar e discutir sobre essas questões, e é suficiente acreditar firmemente para nos possibilitar colocar em operação o que já foi ensinado.

Quando fores construir esses pentáculos e caracteres, é necessário que jamais te esqueças do incenso, nem de não utilizares nada além do que é mencionado.

É necessário, sobretudo, estar atento à operação, e jamais esquecer ou omitir as coisas que contribuem para o sucesso que os pentáculos e experimentos prometem, tendo sempre em tua mente nenhuma outra intenção além da glória de Deus, a realização de teus desejos e o amor e a bondade para teu próximo.

Além disso, meu amado filho, não te ordeno a enterrar esta ciência, mas fazer de teus amigos partícipes dela, sujeitos, no entanto, ao rígido comando de jamais profanar as coisas que são divinas, pois se

100 Este e os quatro parágrafos seguintes são do manuscrito Lansdowne 1203.

fizeres isso, longe de te tornares amigo dos espíritos, será apenas o meio de te levar à destruição.

Jamais deves dissipar tais coisas entre os ignorantes, pois isso seria tão reprovável quanto jogar pedras preciosas para suínos; pelo contrário, o conhecimento secreto deve ser passado de um sábio a outro, pois dessa maneira o Tesouro dos Tesouros jamais será relegado ao esquecimento.

Adora[101] e reverencia os mais sagrados nomes de Deus que se encontram nesses pentáculos e caracteres, pois sem eles tu jamais conseguirás chegar ao final de qualquer empreitada, nem realizar o Mistério dos Mistérios.

Sobretudo, lembra-te que para realizares qualquer dessas operações, deverás ter o corpo e a mente puros e sem máculas, e não sem qualquer uma das preparações.

Esta *Clavícula*, cheia de mistérios, foi-me revelada por um anjo.

Maldito seja aquele que empreende a arte sem ter as qualidades requisitadas para entender totalmente a *Clavícula*, maldito seja aquele que invoca o nome de Deus em vão, que deve se preparar para as punições que aguardam os ímpios, pois Deus os abandonará e os relegará às profundezas do Inferno entre os espíritos impuros.

Pois Deus é grande e imutável, Ele para sempre foi e permanecerá até o final das eras.

MALDITO SEJA QUEM TOMA O NOME DE DEUS EM VÃO! MALDITO SEJA AQUELE QUE USA ESTE CONHECIMENTO PARA UM FIM MALÉFICO, SEJA MALDITO NESTE MUNDO E NO MUNDO QUE VIRÁ. AMÉM. MALDITO SEJA O NOME DAQUELE QUE BLASFEMA!

FIM DO PRIMEIRO LIVRO.

101 O resto do capítulo é do manuscrito Lansdowne 1202, exceto a última sentença.

A ORDEM DOS PENTÁCULOS

Aqui seguem os pentáculos sagrados, expressos em suas figuras e caracteres apropriados, com suas virtudes especiais; para o uso do mestre da arte

(1) Sete pentáculos consagrados a Saturno = preto.

(2) Sete pentáculos consagrados a Júpiter = azul.

(3) Sete pentáculos consagrados a Marte = vermelho.

(4) Sete pentáculos consagrados ao Sol = amarelo.

(5) Cinco pentáculos consagrados a Vênus = verde.

(6) Cinco pentáculos consagrados a Mercúrio = cores mistas.

(7) Seis pentáculos consagrados à Lua = prata.

Observação - sobre a figura[102] - A Figura Mística de Salomão - aparece apenas em dois manuscritos, Lansdowne 1202 e 1203. Foi inclusa por Lévi em *Dogma e ritual de alta magia*, e por Tycho Brahé[103] em seu *Calendarium naturale magicum*, mas em ambos sem as palavras e letras hebraicas, provavelmente porque foram desfiguradas por transcribas iliterados até ficarem irreconhecíveis. Depois de muito trabalho e estudo da figura, acredi-

102 N.d.T. No lugar deste pentáculo, em sua edição, Peterson coloca o pentáculo geral, chamado de Grande Pentáculo, com o seguinte parágrafo: "Deve ser escrito em papel de ovelha ou em pergaminho virgem, que deverá ser tingido de verde. O círculo com as 72 letras divinas deve ser vermelho, ou elas deverão estar em dourado. As letras dentro do pentáculo devem ser do mesmo vermelho, ou azul-celeste em todos os outros lugares, com o grande nome de Deus em dourado. Serve para aprazer a todos os espíritos; quando lhes é mostrado, eles irão se curvar e obedecer-lhe".

103 N.d.T. Peterson nota em sua edição que o autor deste livro é, na verdade, Johann Baptista Grosschedel.

to que as palavras no corpo do símbolo devam ser as dez sephiroth arranjadas na forma da Árvore da Vida, com o nome de Salomão à esquerda e à direita; enquanto os caracteres em torno devem ser as 22 letras do alfabeto hebraico. Dessa maneira, eu os restaurei. Essa figura está no frontispício dos dois manuscritos mencionados.

GRAVURA II

SATURNO

Figura 11

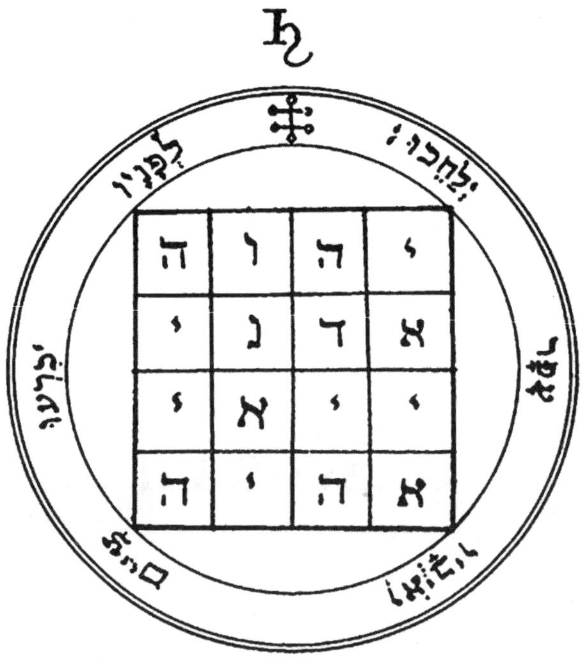

Fig. 11.

O primeiro pentáculo de Saturno. De grande valor e utilidade para impor medo nos espíritos. Por conseguinte, quando lhes é mostrado, eles se submetem, e, ajoelhando sobre o chão diante dele, obedecem.

Observação - As letras hebraicas dentro do quadrado são os quatro grandes nomes de Deus escritos em quatro letras: IHVH, Yod, He, Vau, He; ADNI, Adonai; IIAI, Yiai (este nome tem o mesmo valor numérico em hebraico que o nome EL) e AHIH, Eheieh. O versículo em hebraico é do salmo Ixxi (72).9: "Aqueles que habitam no deserto se inclinarão ante ele, e os seus inimigos lamberão o pó".

Figura 12

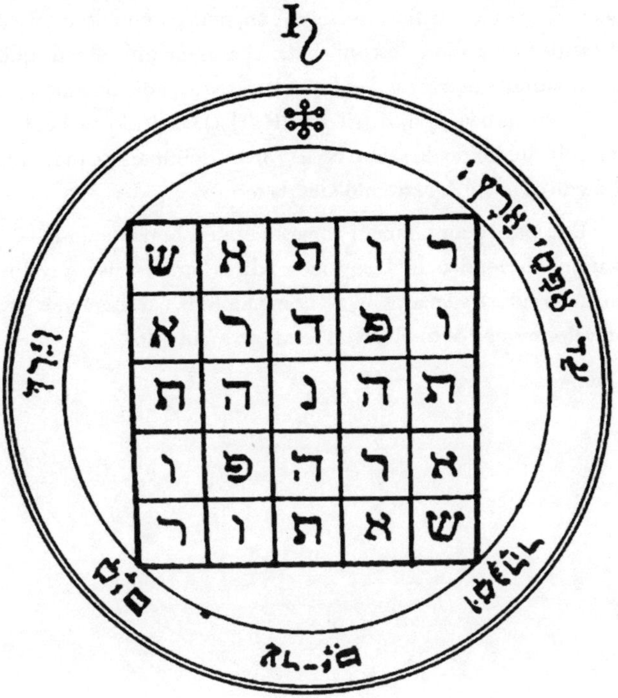

Fig. 12.

O segundo pentáculo de Saturno. É de grande valor contra adversidades; e de uso especial para reprimir o orgulho dos espíritos.

Observação – Este é o celebrado

S	A	T	O	R
A	R	E	P	O
T	E	N	E	T
O	P	E	R	A
R	O	T	A	S

a mais perfeita forma existente de acróstico duplo, no que diz respeito ao arranjo das letras; é mencionado repetidamente nos registros de magia medieval; e, salvo para poucos, essa derivação do presente pentáculo é desconhecida. Vemos em uma olhada que é um quadrado de cinco, dando 25 letras, que, adicionados à unidade, são 26, o valor numérico de IHVH. O versículo em hebraico em volta foi tirado do salmo lxxii (72).8: "Dominará de mar a mar, e desde o rio até as extremidades da terra".

Esta passagem também consiste em exatamente 25 letras, e seu valor numérico total (considerando as letras finais com números acrescidos), somados ao do nome Elohim, é exatamente igual ao valor numérico total das 25 letras no quadrado.

Figura 13

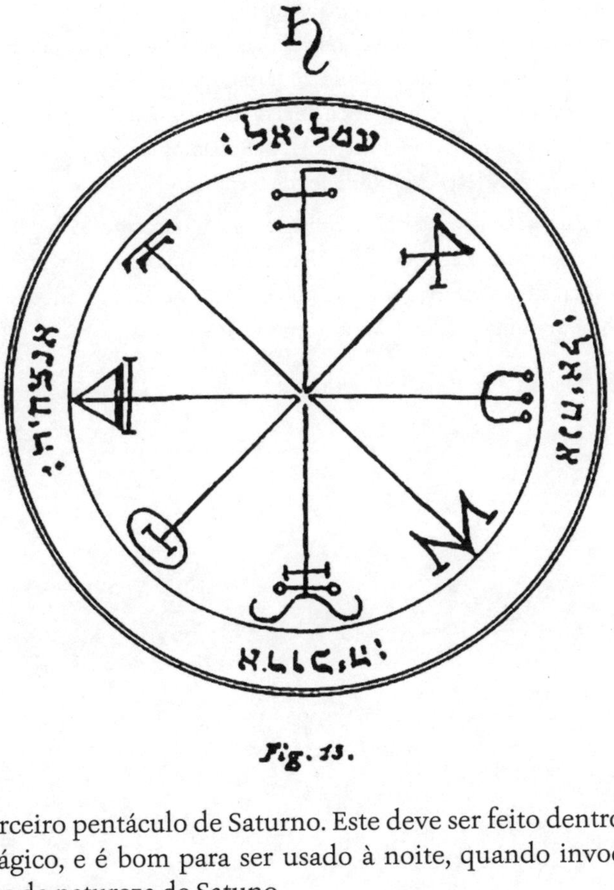

Fig. 13.

O terceiro pentáculo de Saturno. Este deve ser feito dentro do círculo mágico, e é bom para ser usado à noite, quando invocares os espíritos da natureza de Satuno.

Observação - Os caracteres ao final dos raios da roda mística são os caracteres mágicos de Saturno. Ao redor deles estão os nomes dos anjos Omeliel, Anachiel, Arauchiah e Anazachia, escritos em hebraico.

GRAVURA III

Figura 14

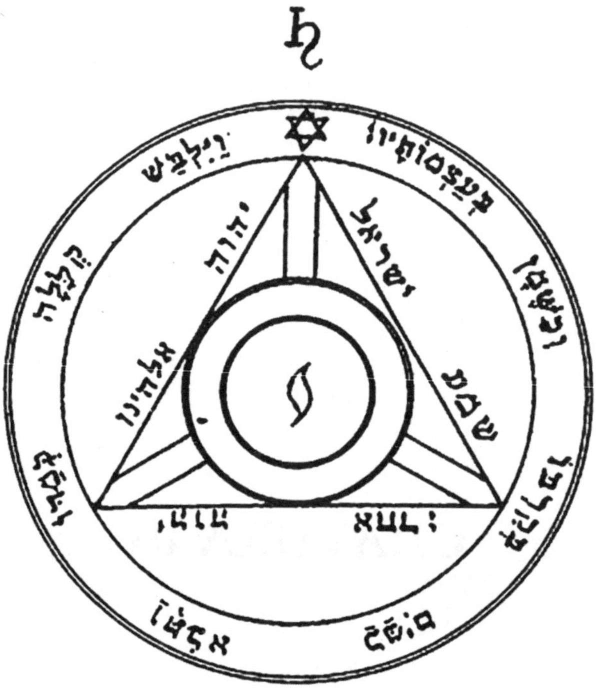

Fig. 14.

O quarto pentáculo de Saturno. Serve principalmente para executar todos os experimentos e operações de ruína, destruição e morte. Quando é feito em plena perfeição, serve também para os espíritos que trazem notícias, quando os invocas pelo lado do Sul.

Observação - As palavras em hebraico em torno dos lados do triângulo são do Deuteronômio, vi (6).4: "Ouve, Israel, IHVH ALHINV é IHVH AChD"[104]. O versículo em torno é do salmo cix (109).18: "Assim como se vestiu de maldição tal como de uma veste assim penetre ela nas suas entranhas, como água, e em seus ossos como azeite". No centro do pentáculo está a letra mística Yod.

104 N.d.T. Na Bíblia Almeida Revista e Corrigida: "Ouve, Israel, o Senhor, nosso Deus, é o único Senhor".

Figura 15

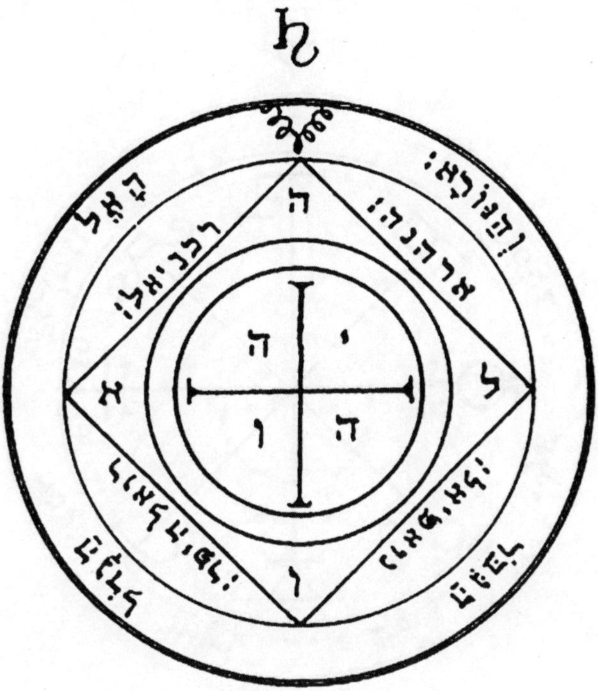

Fig. 15.

O quinto pentáculo de Saturno. Defende os que invocam os espíritos de Saturno durante a noite, e afasta os espíritos que guardam tesouros.

Observação - As letras em hebraico nos ângulos da cruz são as que formam o nome IHVH. As que estão nos ângulos do quadrado formam ALVH, Eloah. Em torno dos lados do quadrado estão nomes de anjos: Arehanah, Rakhaniel, Roelhaiphar e Noaphiel. O versículo é "o Deus grande, poderoso e temível", do *Deuteronômio,* x (10).17.

Figura 16

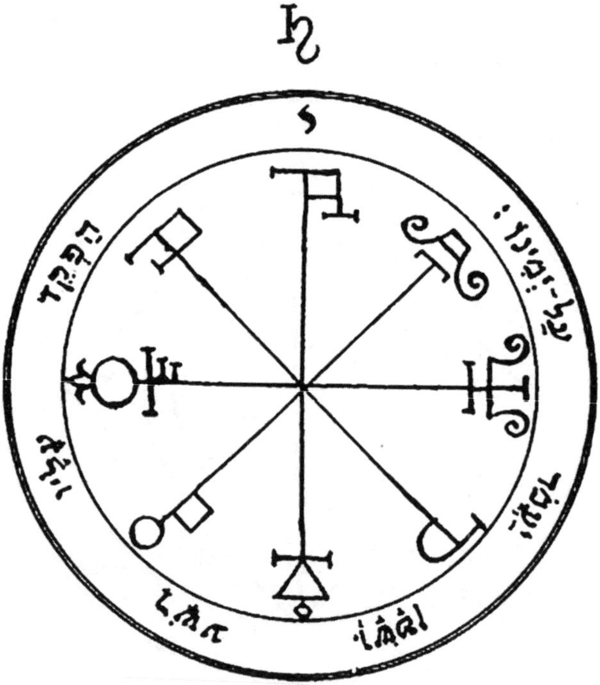

Fig. 16.

O sexto pentáculo de Saturno. Em torno dele cada nome está simbolizado como deveria. A pessoa contra quem pronunciares estes nomes será obsedada por demônios.

Observação - É formado pelo caractere místico de Saturno. Em torno dele está escrito em hebraico: "Põe acima do meu inimigo um ímpio, e Satanás esteja à sua direita[105]".

105 N.d.T. Peterson aponta que se trata do versículo 6 do salmo correspondente ao salmo 109 na Bíblia Almeida Revisada e Corrigida.

Figura 17

Fig. 17.

O sétimo e último pentáculo de Saturno. É apropriado para suscitar terremotos, pois o poder de cada ordem de anjos nele invocadas é suficiente para fazer todo o universo estremecer.

Observação - Dentro dele estão os nomes de nove ordens de anjos, seis delas em caracteres hebraicos comuns e as outras com letras conhecidas como "Passando pelo rio"[106]. Essas nove ordens são: 1. CHAIOTH HA-QADESCH, Criaturas vivas sagradas; 2. AUPHANIM, Rodas; 3. ARALIM, Tronos; 4. CHASCHMALIM, os Brilhantes; 5. SERAPHIM, os Ardentes; 6. MELAKIM, Reis; 7.

106 N.d.T. Alfabeto oculto inventado por Agrippa, chamado, em latim, *Transitus Fluvii*, que significa "passando pelo rio". É derivado do alfabeto hebraico e similar aos alfabetos Celestial e Malachim, também criados por ele.

ELOHIM, Deuses; 8. BENI ELOHIM, Filhos de Elohim; 9. KERUBIM, Querubim. O versículo é do salmo xviii (18).7: "Então a terra se abalou e tremeu; e os fundamentos dos montes também se moveram e se abalaram, porquanto se indignou".

GRAVURA IV

JÚPITER

Figura 18

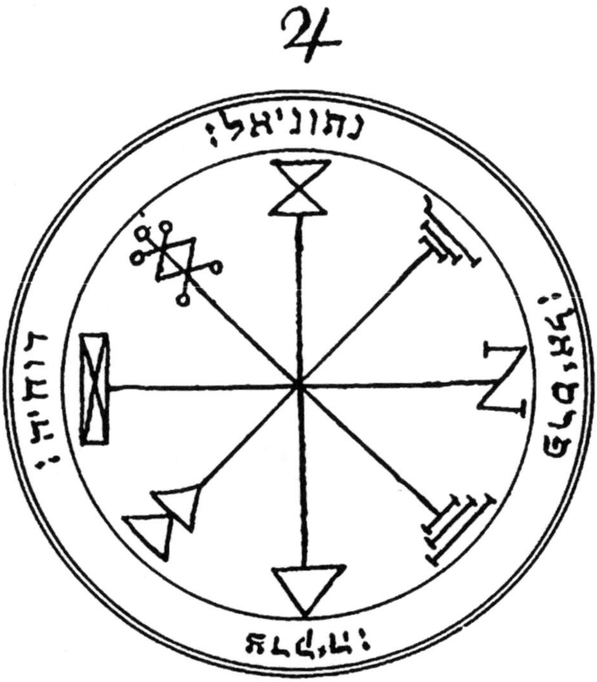

Fig. 18.

O primeiro pentáculo de Júpiter. Serve para invocar os espíritos do planeta, e especialmente aqueles cujos nomes estão escritos ao redor do pentáculo, entre os quais Parasiel, Senhor e Mestres dos Tesouros, e ensina como se tornar possuidor dos lugares onde eles estão.

Observação - É composto dos caracteres místicos de Júpiter. Ao redor deles estão, escritos em hebraico, nomes de anjos: Netoniel, Devachiah, Tzedeqiah e Parasiel.

Figura 19

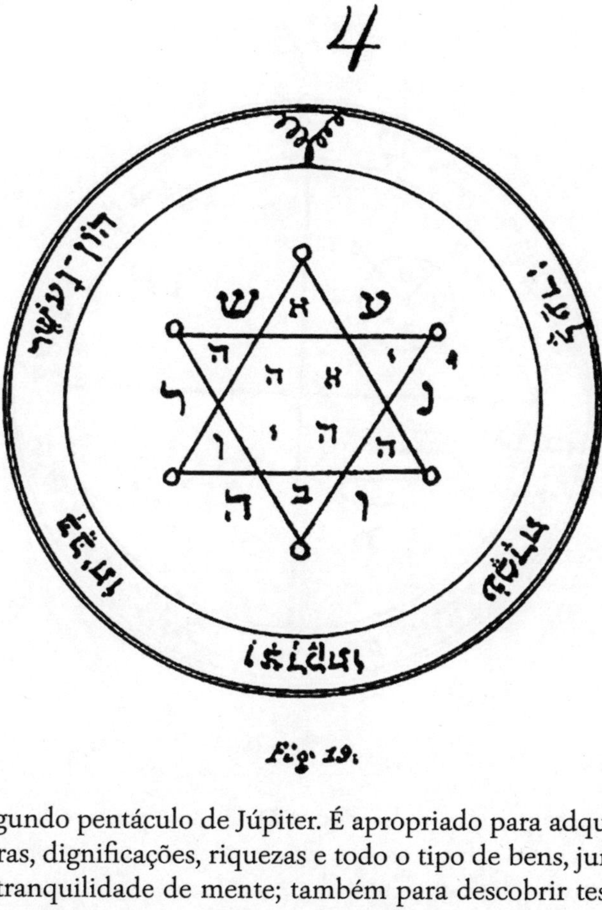

Fig. 19.

O segundo pentáculo de Júpiter. É apropriado para adquirir glória, honras, dignificações, riquezas e todo o tipo de bens, junto com grande tranquilidade de mente; também para descobrir tesouros e afugentar os espíritos que os presidem. Deve ser escrito sobre papel ou papiro virgem, com pena de andorinha e sangue de mocho.

Observação – No centro do hexagrama estão as letras do nome AHIH, Eheieh; já em seus ângulos superiores e inferiores, as do nome AB, o Pai; nos ângulos restantes, os do nome IHVH. Acredito que as letras do lado de fora do hexagrama, nos ângulos exteriores, foram feitas com intenção de serem as das primeiras duas palavras do versículo, tirado do salmo cxii (112).3: "Fazenda e riquezas haverá na sua casa, e a sua justiça permanece para sempre".

Figura 20

Fig. 20.

O terceiro pentáculo de Júpiter. Defende e protege os que invocam os espíritos e faz com que eles venham. Quando eles aparecerem, mostres a eles este pentáculo, e obedecerão imediatamente.

Observação - No quadrante superior esquerdo está o selo mágico de Júpiter, com as letras do nome IHVH. Nos outros estão o selo de inteligência de Júpiter e os nomes Adonai e IHVH. Em torno está o versículo 1 do salmo cxxv (125): "Os que confiam no Senhor serão como o monte de Sião, que não se abala, mas permanece para sempre".

Figura 21

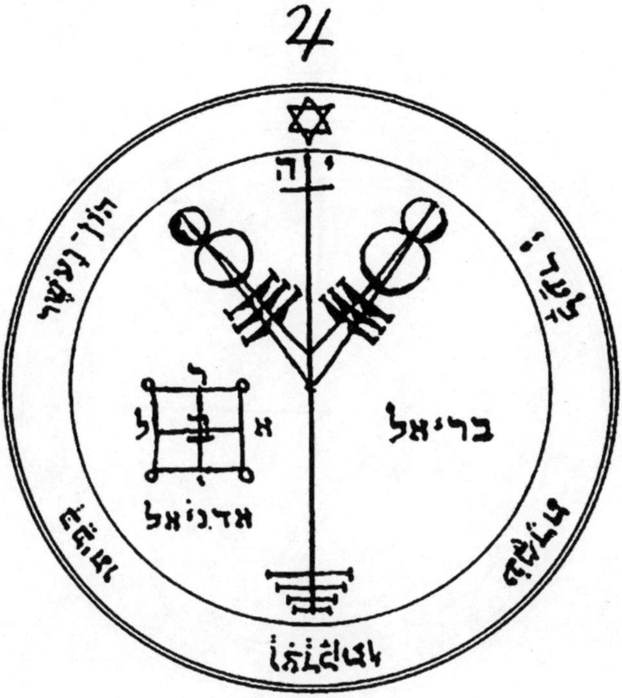

Fig. 21.

O quarto pentáculo de Júpiter. Serve para adquirir riquezas e honras e para possuir uma grande fortuna. O anjo é Bariel. Deve ser gravado em prata na hora e no dia de Júpiter, quando ele está no signo de Câncer.

Observação - Sobre o sigilo mágico está o nome IH, Iah. Abaixo estão os nomes dos anjos Adoniel e Bariel, as letras deste último arranjadas em um quadrado de quatro compartimentos. Em torno está o versículo 3 do salmo cxii (112): "Prosperidade e riquezas haverá na sua casa, e a sua justiça permanece para sempre".

GRAVURA V

Figura 22

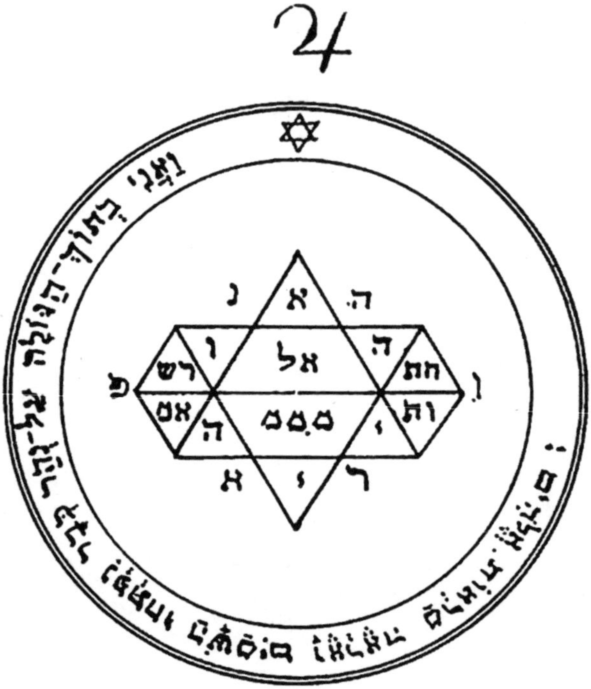

Fig.22.

O quinto pentáculo de Júpiter. Tem grande poder. Serve para assegurar visões. Armado com este pentáculo, Jacó observou a escada que alcançava o céu.

Observação - As letras hebraicas dentro do pentáculo são tiradas das cinco últimas palavras do versículo que o circunda, cada uma contendo cinco letras. Estas, então, foram recombinadas de modo a formar certos nomes místicos. O versículo é tirado de *Ezequiel* i (1).1: "Estando eu no meio dos cativos, junto ao rio Quebar, se abriram os céus, e eu tive visões de Deus". Em minha opinião, o versículo deveria consistir apenas das cinco últimas palavras, assim o anacronismo de Jacó usando um pentáculo com uma sentença de Ezequiel já não existiria.

Figura 23

Fig. 23.

O sexto pentáculo de Júpiter. Serve para proteção contra todos os perigos terrenos, contemplando-o diariamente com devoção e repetindo o versículo que o circunda: "Deste modo, jamais perecerás".

Observação - Os quatro nomes nos braços da cruz são Seraph, Kerub, Ariel e Tharsis, os regentes dos quatro elementos. O versículo é do salmo xxii (22).16,17: Traspassaram-me as mãos e os pés/Poderia contar todos os meus ossos".

Figura 24

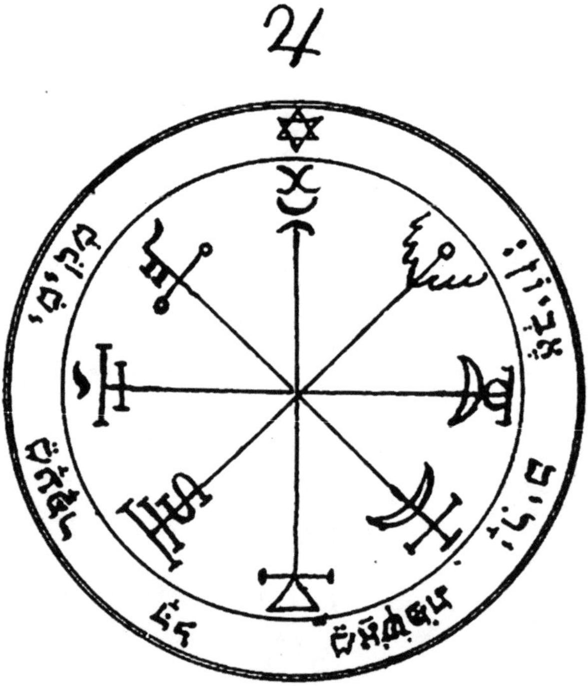

Fig. 24.

O sétimo e último pentáculo de Júpiter. Tem grande poder contra a pobreza, se contemplado com devoção, repetindo o versículo. Além disso, serve para afugentar os espíritos que guardam tesouros, e para descobrir estes últimos.

Observação - Caracteres místicos de Júpiter com o seguinte verso: "Levanta o pobre do pó e do monturo levanta o necessitado/Para o fazer assentar com os príncipes, mesmo com os príncipes do seu povo" - salmo cxii (113).7,8.

MARTE

Figura 25

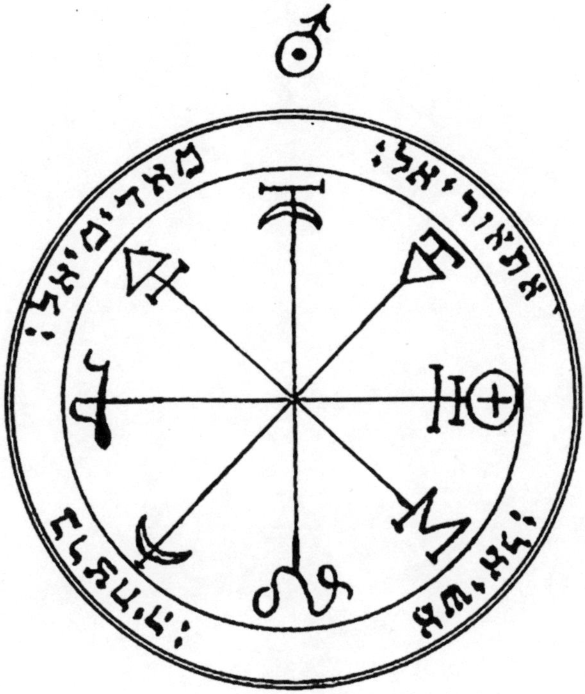

Fig. 25.

O primeiro pentáculo de Marte. Apropriado para invocar espíritos da natureza do planeta, especialmente aqueles que constam no pentáculo.

Observação - Caracteres místicos de Marte e, ao redor, escritos em hebraico, os nomes de quatro anjos: Madimiel, Bartzachiah, Eschiel e Ithuriel.

GRAVURA VI

Figura 26

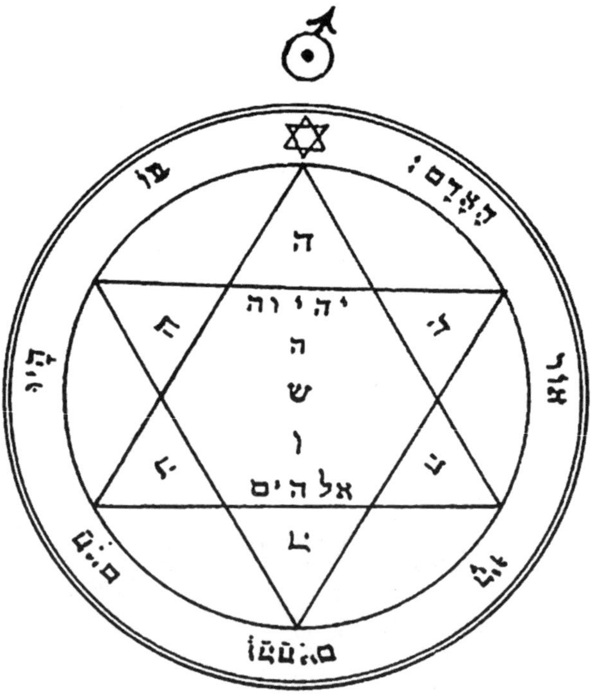

Fig. 26:

O segundo pentáculo de Marte. Serve com grande sucesso contra todos os tipos de doença, se aplicado sobre a parte afetada.

Observação - A letra Hé, nos ângulos do hexagrama. Dentro dele os nomes IHVH, IHSVHVH, Yeheshuah (o nome místico hebraico de Joshua, ou Jesus, formado do nome comum IHVH junto com as letras SH, como um emblema do espírito) e Elohim. Ao redor, a sentença, tirada de *João*, i (1).4: "Nele estava a vida, e a vida era a luz dos homens". Isso pode ser aduzido como argumento da grande antiguidade dos primeiros poucos versos místicos do Evangelho de São João.

Figura 27

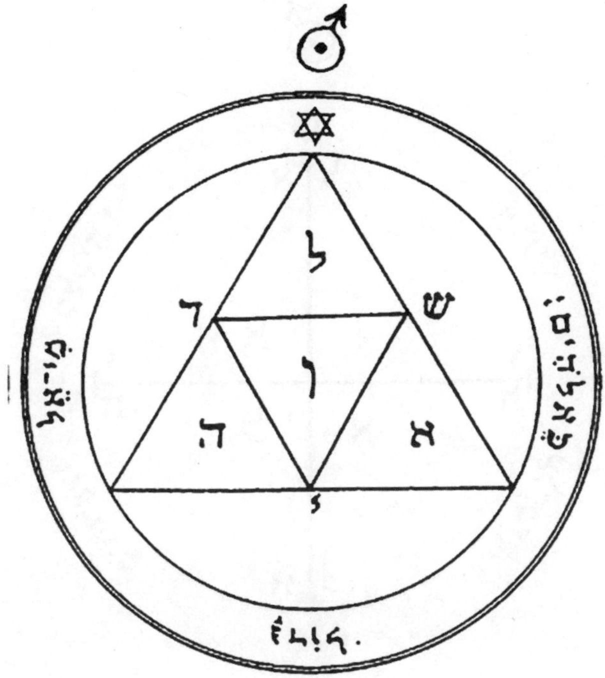

Fig. 27.

O terceiro pentáculo de Marte. De grande valor para incitar guerras, ódio, discórdia e hostilidade; também para resistir a inimigos e provocar terror em espíritos rebeldes; os nomes de Deus Todo-Poderoso estão marcados nele claramente.

Observação - As letras dos nomes Eloah e Shaddai. No centro está a grande letra Vau, a assinatura do microprosopus cabalístico. Ao redor está o versículo do salmo lxxvii (77).13: "Quem é Deus tão grande como o nosso Deus?".

Figura 28

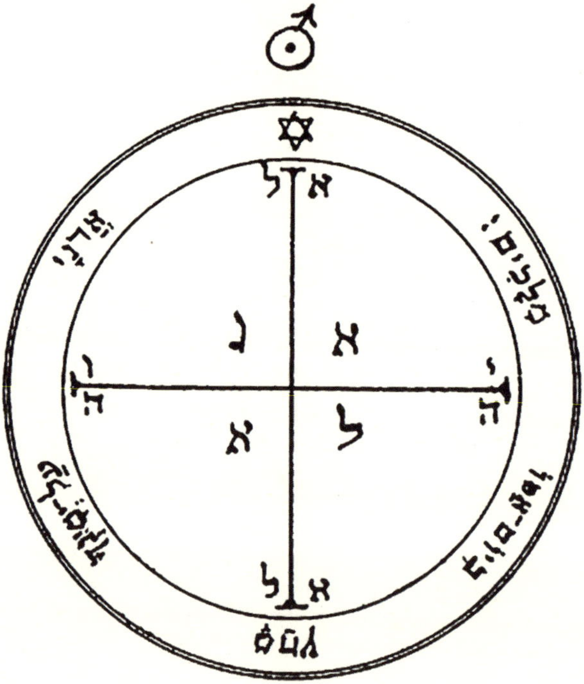

Fig. 28.

O quarto pentáculo de Marte. Tem grande virtude e poder na guerra, portanto sem dúvida te dará a vitória.

Observação - No centro está o grande nome Agla; à esquerda e à direita, as letras do nome IHVH; acima e abaixo, El. Ao redor está o versículo do salmo cx (110).5: "O Senhor, à tua direita, ferirá os reis no dia da sua ira".

Figura 29

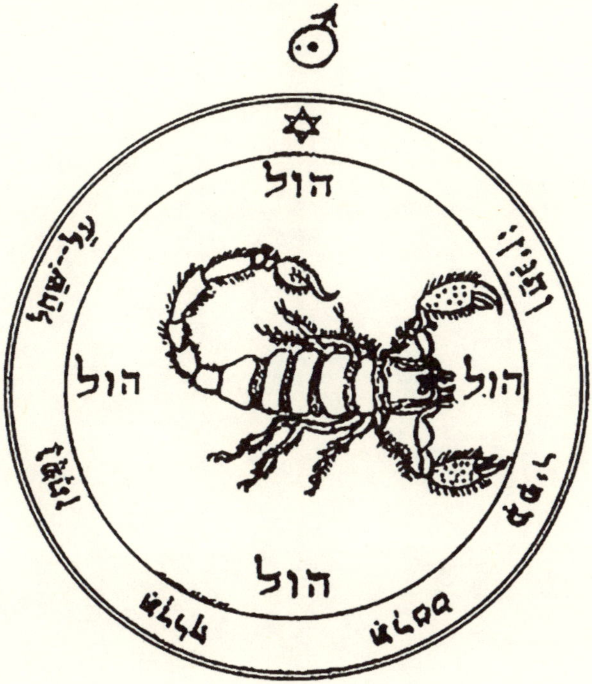

Fig. 29.

O quinto pentáculo de Marte. Escreve este pentáculo sobre papel ou pergaminho virgem, pois é terrível para os demônios e, diante do aspecto e da vista dele, eles irão te obedecer, pois não conseguem resistir a esta presença.

Observação - Ao redor da figura do escorpião está a palavra HVL. O versículo é do salmo xci (91).13: “Pisarás o leão e a cobra; calcarás aos pés o filho do leão e a serpente”.

GRAVURA VII

Figura 30

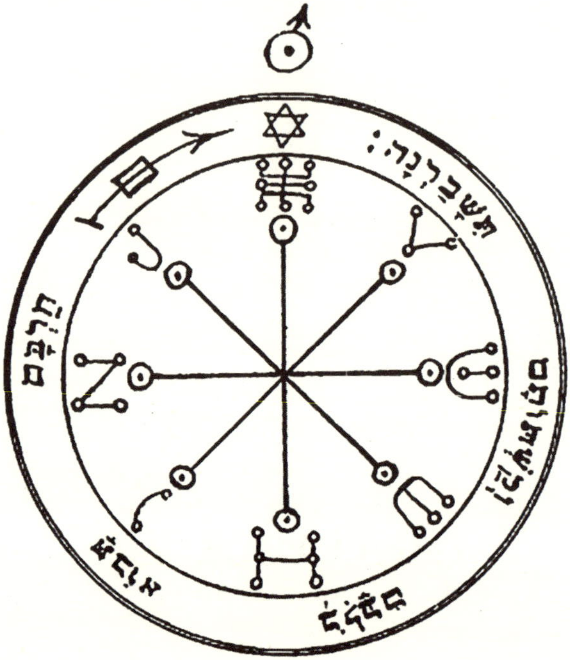

Fig. 30.

O sexto pentáculo de Marte. Tem virtude tão grande que, estando armado dele, se fores atacado por qualquer um, não serás injuriado ou ferido quando lutares; e as próprias armas do agressor se virarão contra ele.

Observação - Nas oito pontas dos raios do pentáculo estão as palavras "Elohim queber", Elohim se acobertou (ou protegeu), escritas no alfabeto sagrado de Malachim[107], ou a escrita dos anjos. O versículo é do salmo xxxvii (37).15: "Mas a sua espada lhes entrará no coração, e os seus arcos se quebrarão".

107 N.d.T. Alfabeto místico criado por Agrippa.

Figura 31

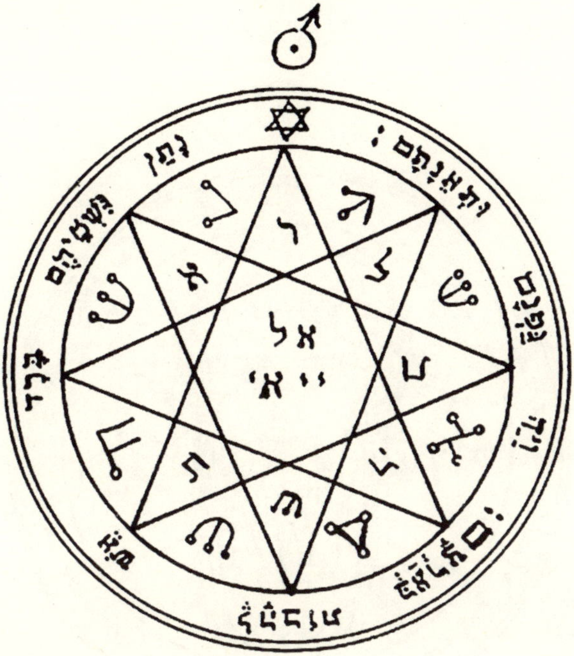

Fig. 31.

O sétimo e último pentáculo de Marte. Escreve-o sobre papel ou pergaminho virgem, com o sangue de um morcego, no dia e na hora de Marte; e descobre-o dentro do círculo, invocando os demônios cujos nomes estão escritos nele; e tu verás imediatamente granizo e tempestade.

Observação - No centro do pentáculo estão os nomes divinos El e Yiai, que têm o mesmo valor numérico quando escritos em hebraico. As letras em hebraico e no alfabeto secreto chamado Celestial[108] compõem os nomes dos espíritos. Em torno do pentáculo está escrito: “Converteu as suas chuvas em saraiva e fogo abrasador, na sua terra/ Feriu as suas vinhas e os seus figueirais e quebrou as árvores dos seus termos” - salmo cv (105).32,33.

108 N.d.T. Outro alfabeto místico também criado por Agrippa.

O SOL

Figura 32

☉

Fig. 32.

O primeiro pentáculo do Sol. O semblante de Shaddaï o Todo--Poderoso, a cujo aspecto todas as criaturas obedecem e os espíritos angélicos reverenciam de joelhos.

Observação - Este pentáculo singular contém a cabeça do grande anjo Methraton, ou Metraton, o vice-gerente e representante de Shaddaï, que é chamado de Príncipe das Faces, o Querubim masculino à direita na Arca, assim como Sandalphon é o feminino à esquerda. Em cada lado, o nome El Shaddaï. Ao redor está escrito em latim: "Contemple Sua face e forma por quem todas as coisas foram feitas, e a quem todas as criaturas obedecem".

Figura 33

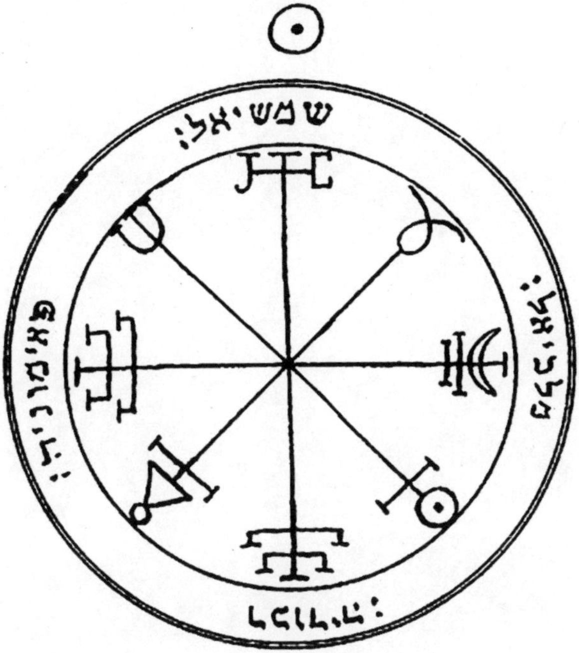

Fig. 33.

O segundo pentáculo do Sol. Este pentáculo, o anterior e o seguinte pertencem à natureza do Sol. Eles servem para reprimir o orgulho e a arrogância dos espíritos solares, que apresentam essas características por sua natureza.

Observação - Os caracteres místicos do Sol e os nomes dos anjos Shemeshiel, Paimoniah, Rekhodiah e Malkhiel.

GRAVURA VIII

Figura 34

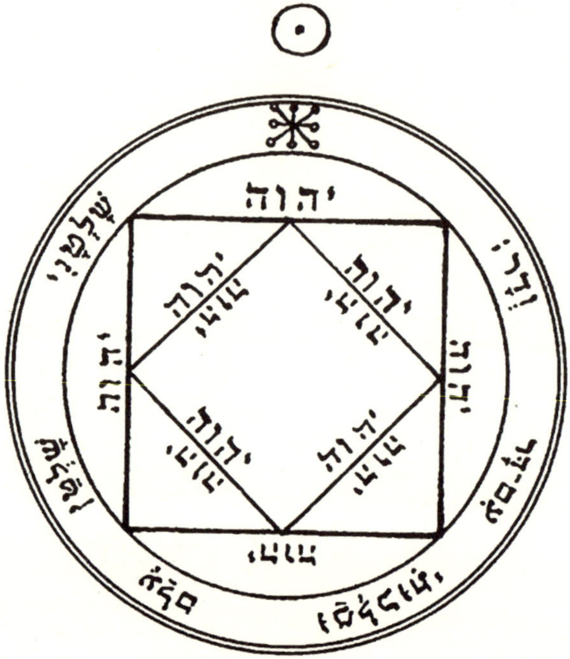

Fig. 34.

O terceiro pentáculo do Sol. Serve como adição (aos efeitos dos dois pentáculos precedentes) para adquirir reino e império, para infligir perda, e para conseguir renome e glória, especialmente pelo nome de Deus, Tetragrammaton, que nele está contido doze vezes.

Observação - O nome IHVH, repetido doze vezes; e um versículo similar a *Daniel* iv (4).34: "Meu reino é um domínio sempiterno, e meu domínio permanece de geração em geração"[109].

109 N.d.T. O referido versículo do livro de Daniel, na versão Almeida Revista e Corrigida da Bíblia, é "cujo domínio é um domínio sempiterno, e cujo reino é de geração em geração".

Figura 35

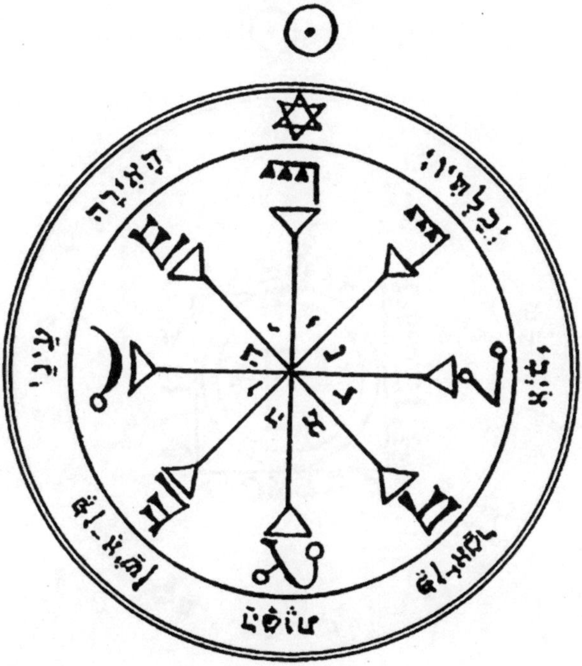

Fig. 35.

O quarto pentáculo do Sol. Serve para permitir ver os espíritos quando eles aparecem invisíveis a quem os invoca; pois, quando tu descobrires o pentáculo, eles irão ficar visíveis imediatamente.

Observação - Os nomes IHVH e Adonai estão escritos em hebraico no centro; e ao redor dos raios estão os caracteres místicos de "Passando pelo rio". O versículo é do salmo xii (13).3,4: "Alumia os meus olhos para que eu não adormeça na morte;/ para que o meu inimigo não diga: Prevaleci contra ele".

Figura 36

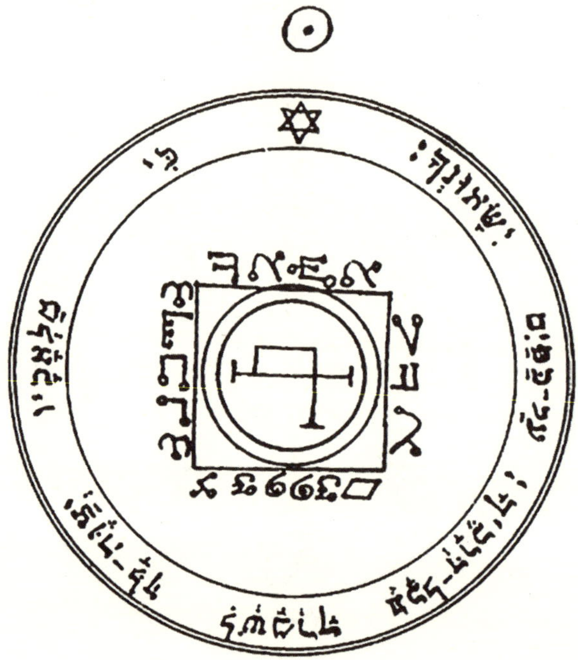

Fig. 36.

O quinto pentáculo do Sol. Serve para invocar os espíritos capazes de te transportar de um lugar a outro, por uma longa distância, em um curto espaço de tempo. O versículo é do salmo xci (91).11,12: "Porque aos seus anjos dará ordem a teu respeito, para te guardarem em todos os teus caminhos./ Eles te sustentarão nas suas mãos".

Figura 37

Fig. 37.

O sexto pentáculo do Sol. Serve com excelência para a operação de invisibilidade, quando feito corretamente.

Observação - No centro está a letra mística Yod, no alfabeto Celestial[110]. As três letras na escrita "Passando pelo rio", nos ângulos do triângulo, formam o grande nome Shaddaï. As palavras na mesma escrita ao redor dos três lados são, em minha opinião, do *Gênesis*, 1.1: "No princípio, Deus criou" etc., mas os caracteres estão tristemente desfigurados no manuscrito. Os versículos vêm dos salmos lxix (69).23 e cxxxv (135).16: "Escureçam-se-lhes os olhos, para que não vejam, e faze com que os seus lombos tremam constantemente/ têm olhos, e não veem".

110 N.d.T. Mais um alfabeto místico criado por Agrippa, semelhante aos dois outros já mencionados.

GRAVURA IX

Figura 38

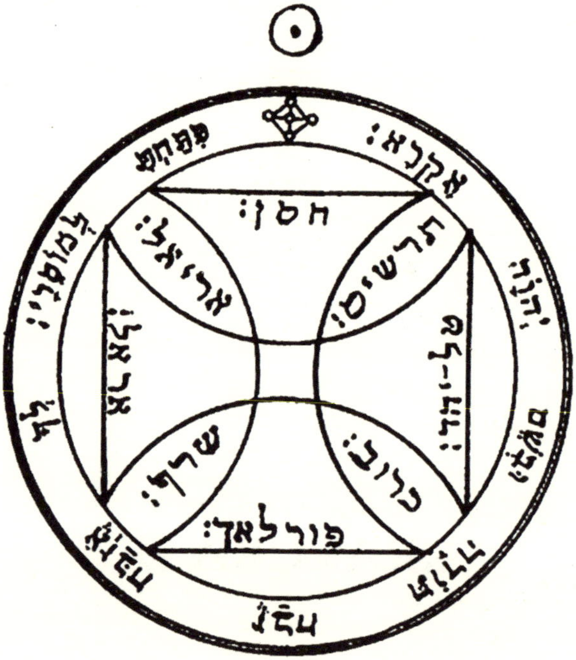

Fig. 58.

O sétimo e último pentáculo do Sol. Se qualquer um por acaso for preso ou detido em grilhões de ferro, na presença deste pentáculo, que deve ser gravado em ouro no dia e na hora do Sol, ele será imediatamente solto e colocado em liberdade.

Observação – Nos braços da cruz estão escritos os nomes de Chasan, anjo do Ar; Arel, anjo do Fogo; Phorlakh, anjo da Terra; e Taliahad, anjo da Água. Entre os quatro braços da cruz estão escritos os quatro governantes dos elementos: Ariel, Seraph, Tharshis e Cherub. O versículo é do salmo cxvi (116).16,17: "Soltaste as minhas ataduras/ Oferecer-te-ei sacrifícios de louvor e invocarei o nome do Senhor".

VÊNUS

Figura 39

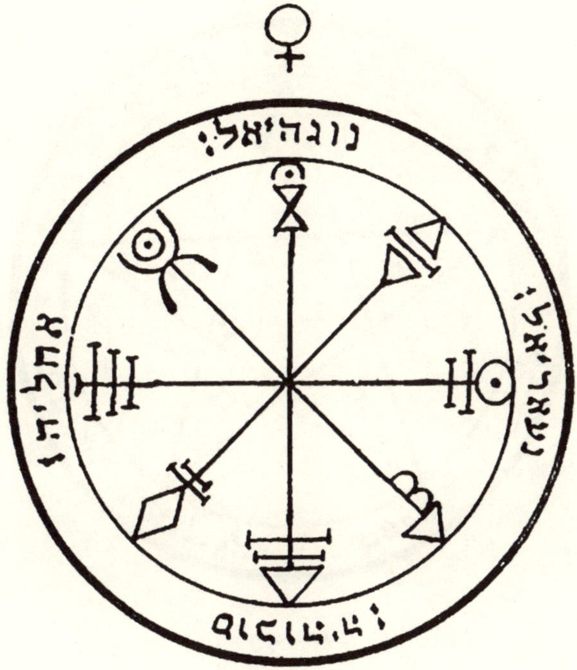

Fig. 39.

O primeiro pentáculo de Vênus. Este e os seguintes servem para controlar os espíritos de Vênus, especialmente os com os nomes neles escritos.

Observação - Caracteres místicos de Vênus e os nomes dos anjos Nogahiel, Acheliah, Socodiah (ou Socohiah) e Nangariel.

Figura 40

Fig. 40

O segundo pentáculo de Vênus. Estes pentáculos também são apropriados para obter graça e honra, e para todas as coisas que pertencem a Vênus, incluindo conseguir todos os teus desejos.

Observação - As letras ao redor e dentro do pentagrama formam os nomes dos espíritos de Vênus. O versículo é do *Cântico dos Cânticos*, viii (8).6: "Põe-me como selo sobre o teu coração, como selo sobre o teu braço, porque o amor é forte como a morte".

Figura 41

Fig. 41.

O terceiro pentáculo de Vênus. Este, se for apenas mostrado a qualquer pessoa, serve para atrair amor. Seu anjo, Monachiel, deve ser invocado no dia e na hora de Vênus, à uma ou às oito horas.

Observação - Os seguintes nomes estão escritos, dentro da figura: IHVH Adonai, Ruach, Achides, Ægalmiel, Monachiel e Degaliel. O versículo é do Gênesis, i (1).28: "E Deus os abençoou e Deus lhes disse: Frutificai, e multiplicai-vos, e enchei a terra, e sujeitai-a".

GRAVURA X

Figura 42

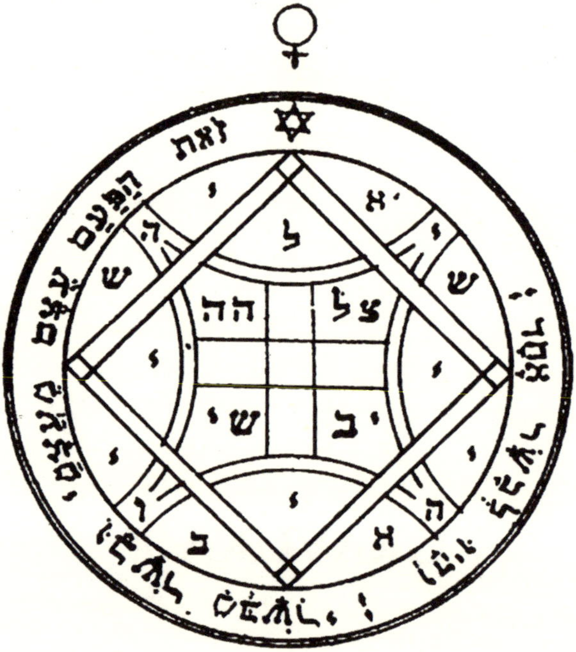

Fig. 42.

O quarto pentáculo de Vênus. É de grande poder, já que compele os espíritos de Vênus a obedecer, e a forçar a pessoa que desejas a vir até ti num instante.

Observação - Nos quatro ângulos da figura estão as quatro letras do nome IHVH. As outras letras formam os nomes dos espíritos de Vênus, como Schii, Eli, Ayib etc. O versículo é do *Gênesis* ii (2).23, 24: "Esta é agora osso dos meus ossos e carne da minha carne;/ e serão ambos uma carne".

Figura 43

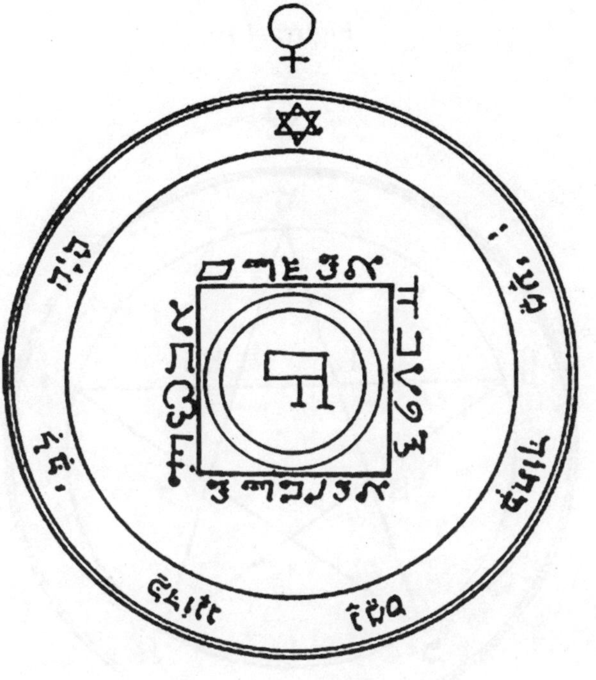

Fig. 45.

O quinto e último pentáculo de Vênus. Quando mostrado para qualquer pessoa, incita e estimula maravilhosamente o amor.

Observação - Ao redor do quadrado central estão os nomes Elohim, El Gebil, e dois outros que não consigo decifrar, e que coloco, portanto, como estão. Os caracteres são em "Passando o rio". O versículo que circunda o pentáculo é do salmo xxii (22).14: "O meu coração é como cera e derreteu-se dentro de mim".

MERCÚRIO

Figura 44

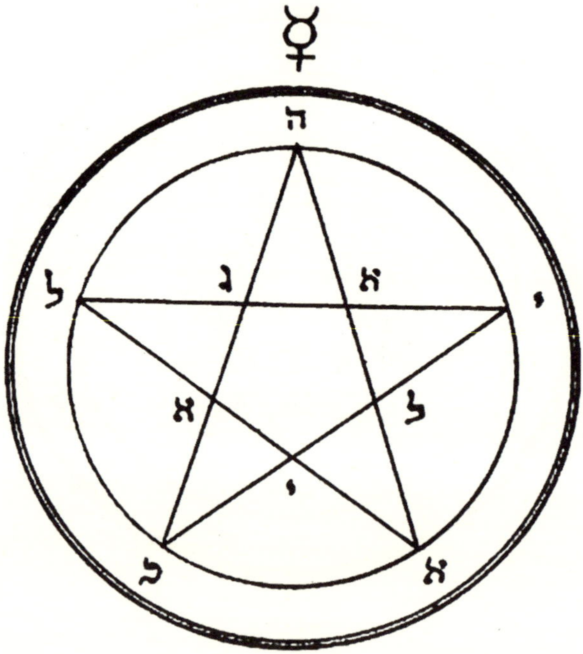

Fig. 44.

O primeiro pentáculo de Mercúrio. Serve para invocar os espíritos que estão sob o firmamento.

Observação - Letras formando os nomes dos espíritos Yekahel e Agiel.

Figura 45

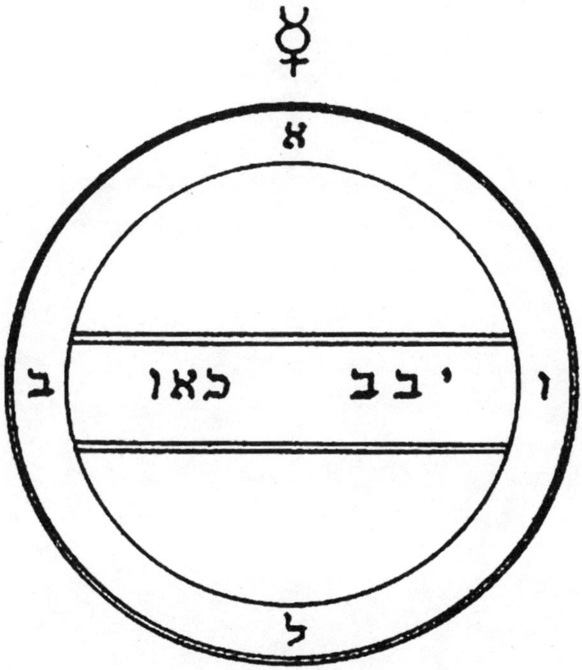

Fig. 45.

O segundo pentáculo de Mercúrio. Os espíritos cujos nomes estão nele escritos servem para efetuar e conceder coisas que são contrárias à ordem da natureza; e que não são contidas sob nenhuma outra classificação. Eles respondem facilmente, mas são vistos com dificuldade.

Observação - As letras formam os nomes de Böel e de outros espíritos.

GRAVURA XI

Figura 46

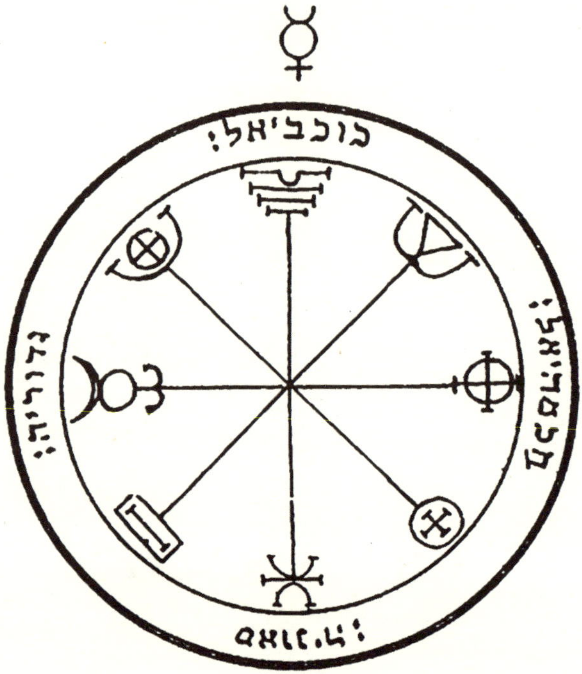

Fig. 46.

O terceiro pentáculo de Mercúrio. Este e os seguintes servem para invocar os espíritos sujeitos a Mercúrio, especialmente os que têm seus nomes escritos neste pentáculo.

Observação - Caracteres místicos de Mercúrio e os nomes dos anjos Kokaviel, Ghedoriah, Savaniah, and Chokmahiel.

Figura 47

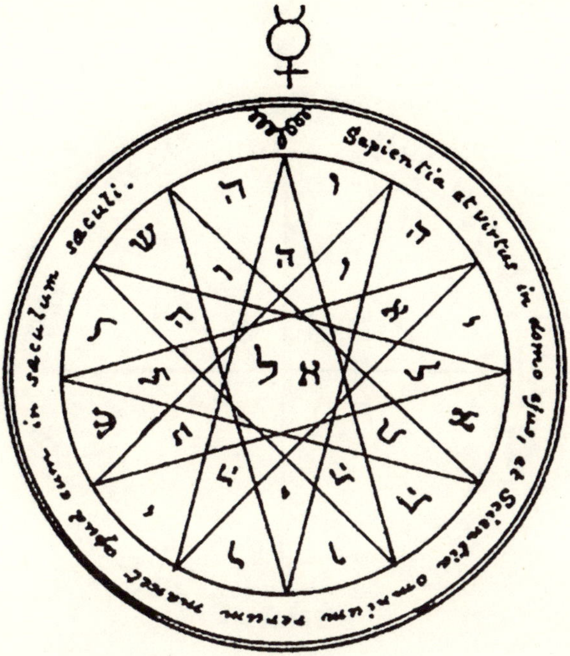

Fig. 47.

O quarto pentáculo de Mercúrio. É apropriado para adquirir entendimento e conhecimento de todas as coisas criadas, e para procurar coisas escondidas coisas escondidas e nelas penetrar; e para comandar os espíritos chamados Allatori para realizar embaixaturas. Eles obedecem muito prontamente.

Observação - No centro está o nome de Deus, El. As letras hebraicas inscritas sobre o dodecágono formam a sentença "IHVH, consertes o volátil, e faças restrição ao vazio". O versículo é: "Prosperidade e riquezas haverá na sua casa, e a sua justiça permanece para sempre".

Figura 48

Fig. 48.

O quinto e último pentáculo de Mercúrio - Comanda os espíritos de Mercúrio e serve para abrir portas, estejam elas fechadas de qualquer maneira, e nada que encontrar pode resistir a ele.

Observação - Dentro do pentáculo estão os nomes El Ab e IHVH. O versículo é do salmo xxiv (24).7: "Levantai, ó portas, as vossas cabeças; levantai-vos, ó entradas eternas, e entrará o Rei da Glória".

A LUA

Figura 49

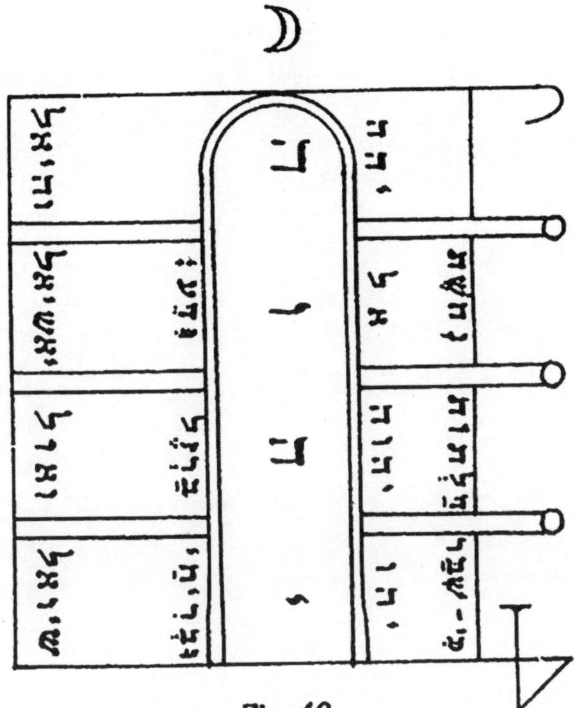

Fig. 49.

O primeiro pentáculo da Lua. Este e os seguintes servem para convocar e invocar os espíritos da Lua; também serve para abrir portas, não importa como estejam aferrolhadas.

Observação - O pentáculo é uma espécie de representação hieroglífica de uma porta ou portão. No centro está escrito o nome IHVH. **À** direita estão os nomes IHV, IHVH, AL e IHH. No lado esquerdo estão os nomes dos anjos Schioel, Vaol, Yashiel e Vehiel. O versículo sobre os nomes de cada lado são do salmo cvii (107).16: "Pois quebrou as portas de bronze e despedaçou os ferrolhos de ferro".

GRAVURA XII

Figura 50

Fig. 50.

O segundo pentáculo da Lua. Funciona contra todos os perigos e riscos pela água, e se por acaso os espíritos da Lua incitarem e causarem chuva forte e tempestades sobre o círculo, para terrificar-te, ao mostrares a eles este pentáculo, tudo logo cessará.

Observação - Uma mão apontando para o nome El e para o do anjo Abariel. O versículo é do salmo lvi (56).11: "Em Deus tenho posto a minha confiança; não temerei o que me possa fazer o homem".

Figura 51

Fig. 51.

O terceiro pentáculo da Lua. Sendo devidamente levado por ti em uma jornada, se for feito apropriadamente, serve contra qualquer ataque à noite e contra qualquer perigo e risco por água.

Observação – Os nomes Aub e Vevaphel. O versículo é do salmo xl (40).13: "Digna-te, Senhor, livrar-me; Senhor, apressa-te em meu auxílio".

Figura 52

Fig. 52.

O quarto pentáculo da Lua. Defende contra todos os feitiços malignos e de toda injúria no corpo e na alma. Seu anjo, Sophiel, dá o conhecimento das virtudes de todas as ervas e pedras; e para quem nomeá-lo ele buscará o conhecimento de tudo.

Observação – O nome divino Eheieh Asher Eheieh e os nomes dos anjos Yahel e Sophiel. O versículo é: "Confundam-se os que me perseguem, e que eu não me confunda; que eles temam e não eu".

Figura 53

Fig. 53.

O quinto pentáculo da Lua. Serve para obter respostas durante o sono. Seu anjo Iachadiel serve para destruição e perda, assim como para a destruição de inimigos. Poderás também invocar com ele Adbon e Dalé contra todos os fantasmas da noite, e convocar as almas dos que partiram ao Hades.

Observação - Os nomes divinos IHVH e Elohim, um caractere místico da Lua e os nomes dos anjos Iachadiel e Azarel. O versículo é do salmo lxviii (68).1: "Levante-se Deus, e sejam dissipados os seus inimigos; fugirão de diante dele os que o aborrecem".

Figura 54

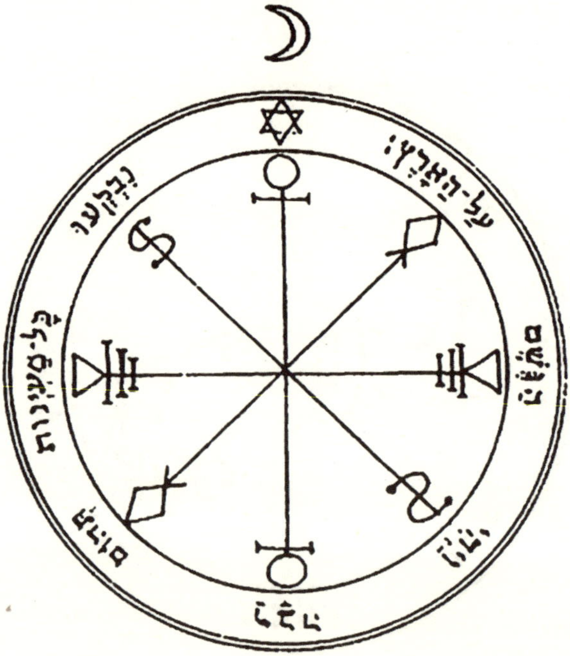

Fig: 54.

O sexto e último pentáculo da Lua. É maravilhosamente bom e serve excelentemente para incitar e causar chuvas fortes, se gravado em uma placa de prata; se for colocado sob a água, choverá enquanto ele ficar lá. Deve ser gravado, desenhado ou escrito no dia e na hora da Lua.

Observação - O pentáculo é composto de caractereres místicos da Lua, cercados por um versículo do Gênesis, vii (7).11,12: "Naquele mesmo dia, se romperam todas as fontes do grande abismo, e as janelas dos céus se abriram,/... e houve chuva sobre a terra".

[Este é o fim dos pentáculos sagrados, nos quais restaurei corretamente o melhor que pude as letras hebraicas e os caracteres místicos. Eu ainda coloquei quase todos os versículos apontados em hebraico, e não em latim; assim, o estudante do ocultismo não terá a inconveniência de buscar os mesmos na Bíblia hebraica. A restauração das letras hebraicas no corpo dos pentáculos foi um trabalho de imensa dificuldade e se estendeu ao longo de vários anos.]

LIVRO II

NOTA PREFACIAL[1]

Esta obra de Salomão é dividida em dois livros. No primeiro, poderás ver e saber como evitar erros em experimentos, operações e nos próprios espíritos. No segundo, és ensinado sobre as maneiras como as artes mágicas podem ser reduzidas aos fins e objetivos propostos.

É por essa razão que deves estar muito atento e tomar grande cautela para que esta *Clavícula dos Segredos* não caia nas mãos dos tolos, dos estúpidos e dos ignorantes. Pois aquele que a possui e dela tira proveito ele mesmo de acordo com as instruções nela contidas não será apenas capaz de reduzir estas artes mágicas ao resultado proposto, mas será, mesmo se encontrar alguns erros aqui, capaz de corrigi-los.

Qualquer arte ou operação desta natureza não será capaz de atingir seu fim a não ser que o MESTRE DA ARTE, ou exorcista, tenha esta obra completamente em seu poder, ou seja, que a compreenda totalmente, pois sem isso ele jamais obterá o efeito de qualquer operação.

Por esta razão eu sinceramente imploro à pessoa em cujas mãos esta *Clavícula dos Segredos* possa cair, e a conjuro, para que não faça de ninguém partícipe deste conhecimento, caso não seja fiel ou capaz de manter um segredo, nem seja perito nas artes. E eu muito humildemente suplico ao dono deste livro, pelo inefável nome de Deus e, quatro letras, YOD, HE, VAU, HE, e pelo nome ADONAI, e por todos os outros altíssimos e santíssimos nomes de Deus, que ele valorize esta obra tão afetuosamente quanto sua própria alma, e que não torne nenhum tolo ou ignorante um partícipe dela.

---

1 Esta nota prefacial só é encontrada nos manuscritos Harleian 3991, Sloane 3091 e King's 288 (N.d.T.) Peterson afirma que a nota também faz parte dos manuscritos Mich. 276 e W).

CAPÍTULO 1

A que horas após a preparação de todas as coisas necessárias devemos levar o exercício da arte à perfeição.

Já tratamos dos dias e horas em geral no Livro I. Agora, é preciso notar em particular em qual hora se devem dar à arte o êxito e a perfeição, tendo todas as coisas necessárias sido preparadas anteriormente.

Caso ocorra então que tenhas de realizar qualquer operação secreta para confabular com os espíritos ou conjurá-los, na qual o dia e a hora não estão especificados, deverás colocá-la em execução nos dias e nas horas de Mercúrio, na décima sexta ou vigésima quarta hora, mas será ainda melhor na oitava, que é a terceira[2] da mesma noite, que é chamada e significa antes da manhã, pois então poderás colocar em prática todas as artes e operações que devem ser realizadas, de acordo com o que preferes, de dia ou à noite, desde que as tenhas preparado nas horas apropriadas a elas, como já foi dito.

Mas quando nem a hora nem o tempo da operação ou invocação são especificados, é bem melhor realizar esses experimentos à noite, vendo que é mais fácil que os espíritos apareçam no silêncio pacífico noturno do que durante o dia. E deves observar inviolavelmente que, em se desejando invocar os espíritos, seja de dia ou à noite, é necessário que isso seja feito em um lugar escondido, remoto, secreto, conveniente e adequado para tal arte, que nenhum homem frequenta ou habita, como iremos relatar com mais detalhes em seu lugar.

Se fores operar tocando qualquer coisa que tenha sido roubada, seja qual for a maneira como isso deve ser realizado ou foi preparado,

2 O manuscrito Add. 10862 registra "a segunda".

é preciso praticá-lo nos dias e nas horas da Lua[3], se possível em sua crescente, e da primeira até a oitava hora do dia.

Se for pela noite, então a operação deverá ser feita na quinta ou na terceira hora[4]; mas é melhor de dia do que à noite, pois a luz a justifica e a faz mais apta para ser tornada pública.

Se as operações forem acerca de invisibilidade, então deverás colocá-las em prática na primeira, segunda ou terceira hora de Marte, de dia. Se for à noite, até a terceira hora.

Caso sejam operações buscando amor, graça ou favor, elas precisam ser realizadas até a oitava hora do mesmo dia, começando na primeira hora do Sol; e da primeira hora de Vênus até a primeira hora do mesmo dia de Vênus.

Em relação às operações para destruição e desolação, devemos praticá-las e colocá-las em execução no dia de Saturno, à primeira hora, ou, melhor, na oitava ou quinta do dia; e da primeira à oitava hora da noite.

Experimentos relacionados a caças, zombarias, enganações, ilusões e invisibilidade precisam ser feitos na primeira hora de Vênus, e na oitava hora do dia, mas, à noite, na terceira e na sétima.

Experimentos extraordinários, dependendo da situação, devem ser preparados e completados na primeira hora de Júpiter, na oitava da noite, e na décima terceira do dia.

Em todos os períodos de prática e execução das artes mágicas, a Lua deve estar crescente em luz, e em igual número de graus com o Sol; e é muito melhor do primeiro quarto à oposição, e a Lua deverá estar em um signo do Fogo, notavelmente Áries ou Leão.

Assim, para realizar esses experimentos, seja de qualquer maneira, isso deve ser feito quando a Lua estiver clara, e quando estiver crescente em luz.

Em ordem de executar as operações de invisibilidade, depois que tudo estiver devidamente preparado, a Lua precisa estar no signo de Peixes, nas horas próprias e adequadas, e crescente em luz.

---

3 N.d.T. Peterson insere aqui "se possível em seu dia também", referindo-se à Lua, de acordo com dois manuscritos.

4 N.d.T. Em dois manuscritos, segundo Peterson, o horário é dado como "da terceira à décima hora".

Para experimentos buscando amor e favor, seja qual for a maneira desejada, eles terão sucesso desde que sejam preparados nas horas apropriadas, e que a Lua esteja crescente em luz e no signo de Gêmeos[5].

Assim, a preparação exata dos dias e horas não é indispensável para os adeptos da arte, mas é extremamente necessária para aprendizes e iniciantes, já que os que foram pouco ou nada instruídos, e os que apenas começaram a se dedicar a esta arte, não têm tanta fé nos experimentos como os adeptos e quem os pratica. Mas como diz respeito a iniciantes, eles precisam sempre ter os dias e as horas bem dispostos e apropriados para a arte. E os sábios devem apenas observar os preceitos da arte necessários e, ao seguir as outras solenidades imprescindíveis, irão operar com perfeita segurança.

No entanto, é preciso tomar cuidado para que, quando tiveres tu mesmo preparado qualquer experimento para os dias e as horas indicadas, ele seja realizado em clima claro, sereno, brando e prazeroso, sem grandes tempestades ou agitação do ar, que não deve ser perturbado por ventos. Pois, quando tiveres conjurado quaisquer espíritos em qualquer arte ou experimento, eles não virão quando o ar está perturbado ou agitado por ventos, já que espíritos não têm carne ou ossos, e foram criados de substâncias diferentes.

Alguns foram criados da água.

Outros, do vento, ao qual são semelhantes.

Alguns, da Terra.

Alguns, das nuvens.

Outros, de vapores solares.

Outros, da intensidade e da força do fogo; e quando são invocados ou convocados, sempre vêm com grande barulho e a natureza terrível do fogo.

Quando os espíritos que são criados da água são invocados, eles chegam com grande chuva, trovões, granizo, relâmpagos, raios e coisas semelhantes.

---

5 N.d.T. Em sua edição da Clavícula, Peterson insere aqui dois parágrafos, omitidos por Mathers: "Para completar experimentos extraordinários, estando terminadas todas as outras preparações, a Lua deve estar em Aquário ou Leão, e em crescente" (presente nos manuscritos Aub. 24 e Add. 10862); e "É de fato impossível, ou ao menos difícil, testar a veracidade dos experimentos mencionados com os dias e as horas especificadas, será conveniente observar o seguinte" (presente no manuscrito Add. 10862).

Quando os espíritos criados de nuvens são invocados, chegam com grande deformidade, em uma forma horrível, para incutir medo no invocador, e com barulho prodigioso.

Outros[6], que são formados pelo vento, aparecem com movimentos excessivamente velozes, e sempre que aqueles criados da beleza[7] surgem, eles se mostram em uma forma bela e agradável; ademais, toda vez que chamares os espíritos criados do ar, eles virão com um tipo de brisa suave.

Quando os espíritos criados do vapor do Sol são invocados, eles vêm sob uma forma excelente e belíssima, mas cheios de orgulho, vaidade e empáfia. São inteligentes, donde que são todos especificados por Salomão em seu livro de ornamentos, ou de belezas. Demonstram grande ostentação e vanglória em suas vestes, e regozijam-se em muitos ornamentos. Eles se gabam de possuir beleza mundana e toda sorte de adornos e decorações. Deves invocá-los apenas em clima sereno, ameno e agradável.

Os espíritos[8] criados do fogo residem no Leste, os criados do vento, no Sul.

Nota então que é bem melhor realizar os experimentos ou operações na direção do Leste, colocando tudo que é necessário para a prática na direção daquele ponto.

Mas para todas as outras operações ou experimentos extraordinários, e para os de amor, eles serão muito mais eficazes direcionados ao Norte.

Tem cuidado, a cada vez que executares qualquer experimento, que para reduzi-lo à perfeição com as solenidades requeridas, deverás recomeçar o experimento, se nisto fores interrompido, sem a preparação de horas ou de outras solenidades.

Se por acaso ocorrer que, tendo executado um experimento com a devida observância de dias, horas e solenidades necessárias, encontres um fracasso, a operação deve estar de alguma maneira errônea, mal-arranjada e defeituosa, e tu deves certamente ter falhado em alguma questão; se fizeres mal um simples ponto, esses experimentos ou artes não se verificarão.

---

6 Este parágrafo só está no manuscrito Add. 10862.

7 O nome da sexta sephira cabalística ou emanação da Deidade, que é chamada Tiphereth, ou Beleza.

8 Frequentemente encontrei isso descrito exatamente vice-versa.

Assim, deste capítulo depende toda essa *Clavícula* das artes, experimentos e operações, e, embora cada solenidade seja adequadamente observada, nenhum experimento será verificado a não ser que possas penetrar no significado dele.

CAPÍTULO 2

De que maneira o mestre da arte deve manter, reger e governar a si mesmo.

Aquele que deseja se dedicar a uma ciência tão grande e difícil deve ter a mente livre de todos os assuntos e de todas as ideias externas, de qualquer natureza que sejam.

Ele precisa então examinar cuidadosamente a arte ou operação que vai empreender, e escrevê-la regularmente em papel, reservado de lado particularmente para este fim, com as conjurações e exorcismos apropriados. Se houver qualquer coisa a ser marcada ou escrita, isso deve ser feito da maneira específica relacionada ao papel, à tinta e à caneta. Ele também precisa observar em qual dia e em qual hora o experimento deve ser empreendido, e que coisas devem ser preparadas para ele, o que precisa ser adicionado e o que pode ser dispensado.

Tendo tais questões sido preparadas, é necessário que busques e arrumes um local adequado no qual a arte mágica e seus experimentos possam ser colocados em prática. Todas essas coisas arranjadas e dispostas, o MESTRE DA ARTE irá a um local apropriado e adequado; ou ao seu gabinete ou câmara secreta, se for conveniente para o propósito, e ali ele pode dispor e ordenar toda a operação; ou ele pode utilizar qualquer outro local secreto conveniente para o objetivo, desde que ninguém saiba onde é, e que ninguém possa vê-lo quando ele estiver lá.

Depois disso, ele deve se despir inteiramente e tomar um banho previamente preparado, com água exorcizada, da maneira que iremos descrever adiante, para que ele se banhe e se purifique da coroa da cabeça à sola dos pés, dizendo:

Ó Senhor Adonai, que me formaste, Teu servo indigno, em Tua imagem e semelhança, de terra vil e abjeta; digna-Te a abençoar e santificar esta água, e assim ela seja para a saúde e purificação de meu corpo, e de minha alma, e nenhuma tolice ou falsidade possa de qualquer maneira aqui ter lugar.

Ó mais poderoso e inefável Deus, que fizeste as pessoas passarem com pés secos pelo Mar Vermelho quando vieram à terra do Egito, concede-me Tua graça para que eu possa ser purificado e regenerado de todos os meus pecados passados por esta água, e assim nenhuma impureza possa aparecer sobre mim em Tua presença.

Depois disso, deves submergir totalmente na água, e secar-te com uma toalha limpa de linho branco, e colocar sobre tua pele as vestes de linho puro das quais falaremos mais adiante.

Ademais, por ao menos três dias te absterás de qualquer raciocínio ocioso, vão e impuro, e de todo tipo de pecado e impureza, como será mostrado no capítulo sobre jejum e vigília. A cada dia recitarás a prece a seguir, ao menos uma vez pela manhã, duas ao meio-dia, três à tarde, quatro à noite e cinco antes de te deitares para dormir; isso farás nos três dias subsequentes:

PRECE

HERACHIO, ASAC, ASACRO, BEDRIMULAEL, TILATH, ARABONAS, IERAHLEM, IDEODOC, ARCHARZEL, ZOPHIEL, BLAUTEL, BARACATA, EDONIEL, ELOHIM, EMAGRO, ABRAGATEH, SAMOEL, GEBURAHEL, CADATO, ERA, ELOHI, ACHSAH, EBMISHA, IMACHEDEL, DANIEL, DAMA, ELAMOS, IZACHEL, BAEL, SEGON, GEMON, DEMAS[9].

Ó Senhor Deus, que estás sentado sobre os Céus, e que contemplas os abismos abaixo, concede-me Tua graça, eu rogo a Ti, para que o que eu concebo em minha mente possa ser realizado em meu trabalho por meio de Ti, ó Deus, ó regente soberano de tudo, que vive e reina até a era das eras. Amém.

---

9 N.d.T: Os nomes presentes na edição de Peterson são: Arachio, Asac, Asacra, Bedrimulal, Filat, Arabonas, Ierabilem, Iododoc, Achazel, Zophiel, Plautel, Baracata, Edoniel, Eloy, Emagro, Abraxate, Drebarach, Zamuel, Cadat, Era, Ely Exa, Amistra, Mached, Daniel, Dama, Elamos, Brachel, Beel, Segen, Gemon, Demas.

Após esses três dias, deverás ter todas as coisas prontas, como foi dito, e depois disso, um dia reservado. Será necessário que esperes pela hora em que deves dar início à operação; mas, uma vez que ela tenha sido iniciada nessa hora, precisarás continuar até o fim, vendo que ela deriva sua força e virtude de seu início, que se estende e se espalha ao longo das horas subsequentes, de modo que o MESTRE DA ARTE seja capacitado a completar seu trabalho de modo a chegar ao resultado desejado.

CAPÍTULO 3

Como os companheiros ou discípulos do Mestre da Arte devem regular e governar a si mesmos.

Quando o MESTRE DA ARTE deseja pôr em prática qualquer operação ou experimento, especialmente um de grande importância, ele deve primeiro considerar a quais companheiros ele pedirá assistência. Essa é a razão pela qual em cada operação cuja experiência deve ser feita dentro do círculo é bom ter três companheiros. E se ele não pode contar com companheiros, deve ao menos ter um cão fiel junto a ele. Mas se for absolutamente necessário ter companheiros, eles devem jurar e ser obrigados a fazer tudo o que o mestre ordenar e prescrever a eles, e devem estudar, observar e absorver cuidadosamente, e prestar atenção a tudo o que irão ouvir. Pois aqueles que agirem de outra maneira irão sofrer e padecer muitas dores e labores, e incorrer em muitos perigos, que os espíritos irão causar e assegurar a ele, que por essa razão podem mesmo morrer.

Estando então os discípulos detalhadamente bem instruídos e fortificados com um coração sábio e compreensivo, o mestre deve tomar da água exorcizada e entrar com eles em um local secreto limpo e purificado, onde deve despi-los totalmente; depois disso, ele irá derramar água exorcizada sobre suas cabeças, que deve correr da coroa até a sola dos pés, tendo-os banhado inteiramente; enquanto os banha, o mestre deve dizer:

> Sede vós regenerados, limpos e purificados, em nome do grande, eterno e inefável Deus, de todas as suas iniquidades, e que a virtude do Altíssimo desça sobre vós e convosco sempre permaneça, para que tenhais poder e força para realizar os desejos de vossos corações. Amém.

Depois disso, os discípulos irão se vestir do modo como fez o mestre, e jejuar como ele por três dias, repetindo a mesma prece; devem agir como ele, e no trabalho devem segui-lo e obedecer-lhe de modo implícito em todas as coisas.

Mas se o MESTRE DA ARTE desejar ter um cachorro como companheiro, ele deve banhá-lo totalmente com a água exorcizada da mesma maneira que os discípulos, perfumá-lo com os odores e incensos da arte, e repetir a seguinte conjuração sobre ele:

> Eu te conjuro, ó tu criatura, sendo um cão, por Ele que te criou, eu te banho e te perfumo em nome do Deus mais alto, mais poderoso e eterno, para que possas ser meu verdadeiro companheiro nesta operação, e também o amigo mais fiel em qualquer operação que eu possa vir a realizar.

Se ele deseja ter como companhia um menino ou menina, o que seria ainda melhor, ele deverá consagrá-los da mesma maneira que consagrou o cachorro; e ele deve aparar e cortar as unhas das mãos e dos pés deles, dizendo:

> Eu te conjuro, ó tu criatura, sendo uma jovem garota (ou um jovem garoto), pelo Deus Altíssimo, Pai de todas as criaturas, pelo Pai ADONAI ELOHIM, e pelo Pai ELION, para que não tenhas vontade ou poder de esconder nada de mim, nem de me ocultar a verdade em tudo que eu demandar de ti, e que sejas obediente e fiel a mim. Amém.

Que ele purifique, limpe e banhe esta jovem criança novamente, com a água da arte, dizendo:

> Sejas regenerado, limpo e purificado, para que os espíritos jamais te machuquem nem residam em ti. Amém.

Então perfume a criança com odores como acima.

Quando os companheiros estiverem assim consagrados e dispostos, o mestre deve poder operar com eles em confiança, a cada vez que desejar; e ele deve realizar sua operação com alegria, e irá conseguir seu objetivo.

Para a segurança tanto do corpo como da alma, o mestre e seus companheiros necessitam levar pentáculos sobre seus peitos, consagrados e cobertos com um véu sedoso e perfumado com as fumigações apropriadas. Pelos quais, sendo assegurados e encorajados, eles poderão entrar na questão sem medo ou terror, e serão isentados e libertos de todos os perigos e riscos, desde que obedeçam a todos os comandos do mestre e façam tudo o que ele lhes ordenar. Se eles agirem desta maneira, tudo irá de acordo com seus desejos.

Tudo assim arranjado, o mestre irá certificar-se de que seus discípulos estão perfeitamente instruídos sobre as coisas que terão de realizar.

Esses companheiros ou discípulos devem ser três, sem incluir o mestre. Também podem ser cinco, sete ou nove; mas que eles obedeçam de maneira implícita a todas as ordens de seu mestre, pois apenas assim tudo se dará com êxito.

CAPÍTULO 4

A respeito do jejum, do cuidado[10] e das coisas a serem observadas.

Quando o MESTRE DA ARTE[11] desejar realizar suas operações, tendo arranjado previamente tudo o que é necessário observar e praticar, a partir do primeiro dia do experimento é necessário ordenar e prescrever cuidado e observação, abster-se de tudo que é ilícito, e de todo tipo de impiedade, impureza, perversidade ou imodéstia, tanto de corpo como de alma; como, por exemplo, comer e beber demasiadamente, e todas as palavras vãs, zombarias, difamações, calúnias e outros discursos imprestáveis; mas, em vez disso, fazer bons atos, falar honestamente, manter uma estrita decência em todas as coisas, nunca perder de vista a modéstia no andar, na conversação, em comer e em beber, e em todas as coisas; o que deve ser observado e feito principalmente durante nove dias antes do início da operação. Os discípulos devem fazer o mesmo e igualmente pôr em prática tudo que é necessário ser observado, se desejam fazer uso de todas essas operações e experimentos.

Mas, antes do início do trabalho, é absolutamente necessário que o mestre e seus discípulos repitam a seguinte conjuração uma vez pela manhã e duas vezes à noite:

CONJURAÇÃO

Ó Deus Todo-Poderoso, sê propício a mim, um pecador miserável, pois não sou digno de levantar meus olhos ao céu, por causa da

10 N.d.T. De acordo com Peterson, trata-se do termo e latim custodia, que também significa isolamento.

11 N.d.T. Peterson aponta que o manuscrito Aub. 24 aqui traz "necromancer", e Add. 10862, "negromancer", necromante.

iniquidade de meus pecados e da multidão de minhas falhas. Ó Pai piedoso e misericordioso, que não desejas a morte de um pecador, mas que ele se livre de sua maldade e viva, ó Deus, tem piedade de mim e perdoa todos os meus pecados; pois eu indignamente rogo a ti, ó Pai de todas as criaturas, que é cheio de misericórdia e compaixão, por tua grande bondade, que Tu te dignes a me conceder poder de ver e conhecer esses espíritos que desejo contemplar e invocar diante de mim aparecerem e realizarem minha vontade. Por Tu que és o conquistador, Tu que és abençoado até a era das eras. Amém.

Ó Senhor Deus, o Pai Eterno, que estás sentado sobre os querubins e serafins, que contemplas a Terra e o mar; a ti eu ergo minhas mãos e imploro por Teu auxílio somente, Tu que és, sozinho, a realização de bons trabalhos, Tu que deste descanso aos trabalhadores, que rebaixaste os orgulhosos, que é o protetor dos que Te invocam; protege-me, guarda-me e defende-me nesta questão e neste empreendimento que eu me proponho a realizar, ó Tu que vives, reinas e habitas até as eras eternas. Amém.

Durante os três dias antes do início dessa ação, deves te contentar em comer apenas a dieta de jejum, e só uma vez ao dia; e será melhor ainda se apenas partilhares pão e água. Deverás te abster de todas as coisas impuras, recitando a prece escrita acima. E, no último dia, quando desejares começar a operação, deverás permanecer sem comer todo o dia e, mais tarde, ir a um lugar secreto, onde confessarás todos os teus pecados a Deus com coração contrito. Os discípulos, também, junto com o mestre, devem recitar a mesma confissão, com voz baixa, mas distinta, conforme já foi falado no Livro I.

Isso feito três vezes com um coração puro, devoto e contrito, em um lugar isolado dos homens, limpo e puro, onde não podes ser visto, tomando a água e o hissopo, tu dirás:

Purifica-me, ó Senhor, com hissopo, e eu estarei puro, lava-me, e eu serei mais branco que a neve.

Depois disso, banha-te com a água exorcizada, e veste-te novamente com a indumentária consagrada que tiraste, incensa a ti mesmo, e cerca-te de odores, como será dito adiante, quando falarmos de perfumes e sufumigações.

Isso terminado, irás ao local ordenado com teus companheiros, e, com as coisas preparadas, farás o círculo, conforme já foi dito, com todas as outras cerimônias necessárias; então, começarás a invocar os espíritos pelos exorcismos; tu ainda repetirás de novo a confissão precedente, como já foi ensinado no Livro I. Depois disso, em sinal de correção e arrependimento, cada um deverá mutuamente beijar o outro.

Nota bem que, até este ponto, os discípulos devem fazer as mesmas coisas que o mestre.

O mestre agora irá dar seus comandos aos discípulos, e seguir com o experimento, e trabalhar com toda a diligência para levá-lo à perfeição.

CAPÍTULO 5

A respeito dos banhos e de como eles devem ser dispostos.

O banho é necessário para todas as artes mágicas e necromânticas; assim, se desejares realizar qualquer experimento ou operação, tendo arrumado todas as coisas necessárias para isso de acordo com os dias e horas apropriados, deves ir a um rio ou riacho corrente, ou ter água morna pronta em algum vaso ou tina grande em teu gabinete secreto, e, enquanto te despes de tuas vestimentas, repetirás os seguintes salmos[12]: xiv (14) ou liii (53); xxvii (27); liv; (54) lxxxi (81); cv (105).

E quando o mestre estiver completamente despido, que ele entre na água ou no banho, e diga:

O EXORCISMO DA ÁGUA

Eu te exorcizo, ó criatura da água, por Ele que te criou e te reuniu em um só lugar, para que a terra seca aparecesse, que tu desveles todos os enganos do inimigo, e que te livres de todas as impurezas e sujeiras dos espíritos do mundo dos fantasmas, para que eles não me façam mal, pela virtude do Deus Todo-Poderoso que vive e reina até as eras das eras. Amém.

Então poderás lavar-te completamente no banho, dizendo:

MERTALIA, MUSALIA, DOPHALIA, ONEMALIA, ZITANSEIA, GOLDAPHAIRA, DEDULSAIRA, GHEVIALAIRA, GHEMINAIRA, GEGROPHEIRA, CEDAHI, GILTHAR, GODIEB, EZOIIL, MUSIL,

12 N.d.T. De acordo com Peterson, Mathers identifica erroneamente como o salmo 81 uma prece do Êxodo (15.1); os salmos dados em sua edição são 27, 14 ou 53, 69, e, após o trecho do Êxodo, 106.

GRASSIL, TAMEN, PUERI, GODU, HUZNOTH, ASTACHOTH, TZABAOTH, ADONAI, AGLA, ON, EL, TETRAGRAMMATON, SHEMA, ARESION, ANAPHAXETON, SEGILATON, PRIMEUMATON.[13]

Todos esses nomes tu deverás repetir duas ou três vezes, até que estejas completamente lavado e limpo, e quando estiveres perfeitamente puro, sairás do banho e salpicarás sobre ti água exorcizada, da maneira que iremos descrever adiante, e dirás:

> Purifica-me, ó Senhor, com hissopo, e eu estarei limpo; lava-me, e eu serei mais branco que a neve.

Enquanto te vestes novamente, recitarás os seguintes salmos: cii (102); li (51); iv (4); xxx (30); cxix (119); Mem.97 (119.97); cxiv (114); cxxvi (126); cxxxix (139)[14].

Depois disso, recitarás a seguinte prece:

PRECE

> EL, forte e maravilhoso, eu Te abençoo, Te adoro, Te glorifico, Te invoco, Te agradeço por este banho, para que esta água possa tirar de mim toda a impureza e concupiscência do coração, por Ti, ó sagrado ADONAI; que eu possa realizar todas as coisas por Ti, que vives e reinas até a era das eras. Amém.

Isso feito, toma o sal e o abençoa desta maneira:

A BENDIÇÃO DO SAL

> Esteja a bênção do Pai Todo-Poderoso sobre esta criatura do sal, e que toda a malignidade e estorvo sejam daqui afastados, e que todo

13 N.d.T. Os nomes dados por Peterson em sua edição da Clavícula são: Morbalia, Musalia, Daphalia, Onomalia, Litarisia, Goldafaria, Dedulsaria, Gehucularia, Geminaria, Gegrofaria, Cedach, Gitach, Godich, Rogil, Musil, Grassil, Tancri, Pueri, Godu, Augnot, Ascharot, Tzabaoth, Adonai, Agla, On, El, Tetragrammaton, Sedim, Aneseron, El, Anaphaxeton, Sigilaton, Primeumaton.

14 N.d.T. De acordo com Peterson, Mathers identificou erroneamente o salmo 4 como o salmo 30. Ele também troca o salmo 119 por 9 e10 ou 111. A lista de salmos dada por ele, em ordem, é: 102, 51, 4, 9 e 10 ou 111, Mem (119.97), 114, 139.

o bem entre, pois sem Ti o homem não pode viver, portanto eu Te abençoo e Te invoco, para que possas me auxiliar.

Então recitarás sobre o sal o salmo ciii (103)[15].

Então, tomando os grãos do sal exorcizado, os jogarás dentro do banho; e novamente irás te despir, pronunciando as seguintes palavras:

IMANEL, ARNAMON, IMATO, MEMEON, RECTACON, MUOBOII, PALTELLON, DECAION, YAMENTON, YARON, TATONON, VAPHORON, GARDON, EXISTON, ZAGVERON, MOMERTON, ZARMESITON, TILEION, TIXMION.

Depois disso, entrarás no banho pela segunda vez e recitarás os salmos civ (104) e lxxxi (81)[16].

Aí deixarás o banho e te vestirás como antes, em vestes limpas de linho branco, e sobre elas colocarás a indumentária da qual iremos falar no capítulo apropriado. Assim vestido, irás terminar teu trabalho.

Os discípulos devem se lavar da mesma maneira e com as mesmas solenidades.

---

15 N.d.T. Peterson identifica o texto com o "Cântico dos Três Jovens", uma adição ao livro de Daniel, texto considerado apócrifo, que não consta em todas as Bíblias.

16 N.d.T. Na versão de Peterson, são os salmos 103 ou 104 (os dois começam da mesma maneira, então pode ter ocorrido confusão, e Êxodo, 15, no lugar do salmo 81.

CAPÍTULO 6

Das vestes e sapatos da arte.

A indumentária exterior que o MESTRE DA ARTE deve usar precisa ser feita de linho, assim como a que ele veste por baixo dela; e se ele tem os meios, deverão ser de seda. Caso seja de linho, a linha com que ela é feita deve ter sido fiada por uma jovem donzela.

Os caracteres mostrados na **figura 55** devem ser bordados no peito com a agulha da arte, em seda vermelha.

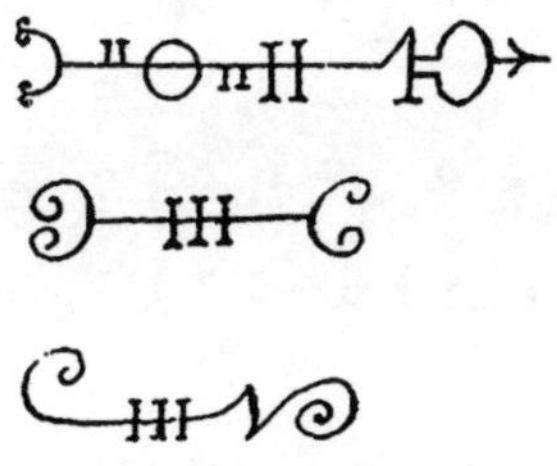

Fig. 55.

Os sapatos também precisam ser brancos, sobre os quais os caracteres da **figura 56** devem ser traçados da mesma maneira.

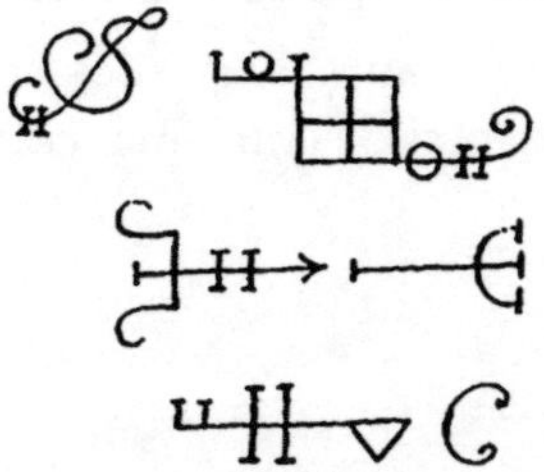

Fig. 56.

Os sapatos ou botas serão feitos de couro branco, nos quais deverão ser marcados[17] os sinais e caracteres da arte. Estes sapatos devem ser confeccionados durante os dias de jejum e abstinência, ou seja, os nove dias reservados antes do início da operação, durante os quais os instrumentos necessários também serão preparados, polidos, abrilhantados e limpos.

Além disso, o MESTRE DA ARTE precisa ter uma coroa feita de papel virgem, sobre a qual serão escritos estes quatro nomes: YOD, HE, VAU, HE, na frente; ADONAI, atrás; EL, no lado direito; e ELOHIM[18], no esquerdo (veja figura 57). Estes nomes precisam ser escritos com a tinta e a caneta da arte, das quais falaremos no capítulo próprio. Cada discípulo também deve ter uma coroa de papel virgem, sobre a qual esses símbolos divinos serão marcados em escarlate (veja figura 58).

Fig. 57

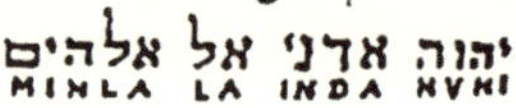

Fig. 58.

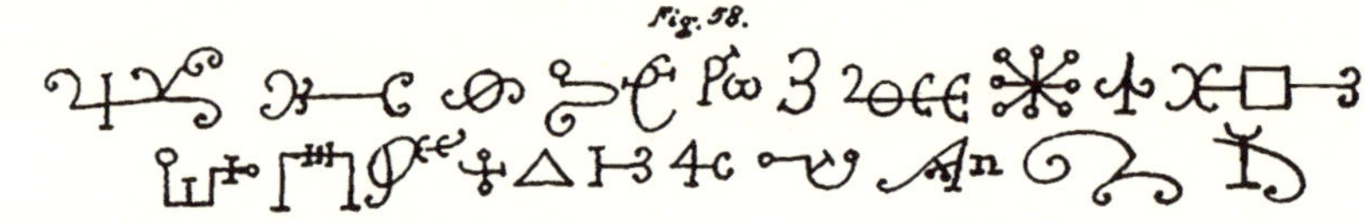

Toma tento, ao te vestires com as indumentárias mencionadas, que recites os seguintes salmos: xv (15); cxxxi (131); cxxxvii (137); cxvii (117); lxvii (67); e cxxvii (127)[19].

Em seguida, perfuma a indumentária com os perfumes e sufumigações da arte e salpica sobre ela a água e o hissopo da arte.

Mas quando o mestre e seus discípulos começarem a vestir-se após o primeiro salmo, e antes de continuar com os restantes, devem pronunciar estas palavras:

17 N.d.T. Segundo Peterson, dois manuscritos especificam que isso deve ser feito "com a caneta e a tinta da arte".

18 N.d.T. A edição de Peterson dá os nomes Jehova, Adonai, El e Gibor, respectivamente.

19 N.d.T. Peterson inclui o salmo 84 após o 131 e substitui o salmo 127 pelo 68. Os salmos dados por ele, em ordem, são: 115, 131, 84, 137, 127, 117, 67, 68.

AMOR, AMATOR, AMIDES, IDECIDANIACH, PAMOR, PLAIOR, ANITOR[20]; pelos méritos destes anjos sagrados eu irei vestir-me e dotar-me com as vestes do poder, pelas quais eu poderei conduzir até o fim desejado as coisas que desejo ardentemente, por Ti, ó mais santo ADONAI, cujo reino e império permanecem para sempre. Amém.

Nota que, se as indumentárias de linho eram as vestimentas dos levitas ou dos sacerdotes, e usadas para coisas sagradas, devem ser tanto melhores.

20 N.d.T. Em sua edição, Peterson dá os seguintes nomes: Ancor, Amator, Amides, Theodonias, Pancor, Plagor, Anitor.

CAPÍTULO 7

Dos locais onde podemos executar convenientemente os experimentos e operações da arte.

Os locais mais próprios para exercitar e cumprir as artes mágicas e operações são aqueles ocultos, remotos e separados das habitações dos homens. Por conseguinte, as regiões desoladas e desabitadas são as mais apropriadas, como margens de lagos, florestas, locais escuros e obscuros, casas velhas e abandonadas, aonde rara e escassamente vão os homens, montanhas, grutas, cavernas, grotas, jardins, bosques; mas melhor que todas são as encruzilhadas, e onde quatro estradas se cruzam, durante a profundeza e o silêncio da noite. Mas se não puderes ir convenientemente a um desses lugares, tua casa, e mesmo teu próprio aposento, ou, na verdade, qualquer lugar, desde que tenha sido purificado e consagrado com as cerimônias necessárias, pode ser adequado para a convocação e reunião dos espíritos.

Essas artes e operações devem ser levadas a cabo na hora prescrita, mas, se não há um horário especialmente designado, é sempre melhor realizá-las durante a noite, que é o horário mais adequado e apropriado para as operações de necromancia; é também um símbolo de que é justo e correto escondê-las da vista dos tolos, ignorantes e profanos.

Mas quando tiveres selecionado um local apropriado, realizarás teus experimentos de dia ou à noite. Ele deve ser espaçoso, claro e cercado de todos os lados por sebes, arbustos, árvores ou paredes. Tu mesmo deves limpá-lo minuciosamente e deixá-lo arrumado e puro, e, enquanto fazes isso, recitarás os salmos ii (2); lxvii (67); e liv (54).

Depois disso, irás perfumá-lo com os odores e sufumigações da arte, e aspergi-lo com a água e o hissopo; então, poderás fazer nesse local todas as preparações necessárias para uma operação.

Porém, mais tarde, quando fores até o local, para completar e realizar a operação, repetirás a caminho de lá a seguinte prece, em uma voz baixa e distinta:

PRECE

> ZAZAII, ZAMAII, PUIDAMON[21], mais poderoso, SEDON, mais forte, EL, YOD HE VAU HE, AGLA, auxiliai-me, um indigno pecador que tem a audácia de pronunciar estes nomes sagrados que nenhum homem deve nomear e invocar a não ser em grande perigo. Assim eu recorro a estes nomes mais sagrados, estando em grande risco, tanto a alma quanto o corpo. Perdoa-me se pequei de qualquer maneira, pois confio apenas em Tua proteção, especialmente nesta jornada.

Que o mestre aspirja o caminho com a água e o hissopo da arte, enquanto cada um de seus discípulos repetirá, em voz baixa, a prece que dissemos nos dias de jejum e preparação.

Além disso, o mestre irá mandar seus discípulos carregar as coisas necessárias para a arte.

O primeiro deve levar o incensório, o fogo e o incenso.

O segundo, o livro, o papel, as canetas e a tinta e os vários perfumes.

O terceiro, a faca e a foice[22].

O mestre, o bastão e a vara.

Mas, se houver mais discípulos presentes, o mestre deve distribuir as coisas para cada um de acordo com o número de pessoas.

Quando tiverem chegado ao lugar, e todas as coisas estiverem dispostas em ordem apropriada, o mestre tomará a faca ou qualquer outro instrumento mágico conveniente de aço consagrado, para com ele formar o círculo da arte que ele pretende construir. Isso feito, ele

---

21 N.d.T. Os nomes dados por Peterson em sua edição da Clavícula são: Lazay, Simay, Nonzay, Orion, Nazarion; Occidamon; Sedon; Yod He Vau He, Iah, Agla.

22 N.d.T. Peterson substitui "foice" por "faca de pena", apontando um erro de tradução de Mathers.

irá perfumá-lo e aspergi-lo com água; e, tendo avisado e exortado seus discípulos, deve assim trabalhar:

Primeiro, ele deve ter uma trombeta feita de madeira nova, e em um lado ele irá escrever em hebraico, com a caneta e a tinta da arte, os seguintes nomes de Deus: ELOHIM GIBOR, ELOHIM TZABAOTH (veja figura 59); e no outro lado, esses caracteres (veja figura 60).

Fig. 59.

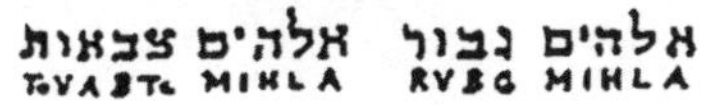

Fig. 60.

Tendo entrado no círculo para realizar o experimento, ele soará a trombeta em direção dos quatro pontos do universo, primeiro para o Leste; depois, para o Sul; então, para o Oeste; e por fim, para o Norte. Então ele dirá:

> Ouvi-nos[23], e estai preparados, de qualquer parte do universo em que possais estar, para obedecerdes à voz de Deus, o Poderoso, e aos nomes do criador. Nós vos avisamos com este sinal e este som que sereis convocados aqui, portanto estai prontos para obedecer a nossos comandos.

Isso feito, que o mestre complete seu trabalho, renove o círculo, e faça os incensamentos e fumigações.

23 N.d.T. Seguindo três manuscritos, Peterson adiciona a seguinte frase como início desta oração: "Escutai, ó espírito (nome)".

CAPÍTULO 8

A respeito da faca, da espada, da foice, do punhal, da adaga, da lança, da vara, do bastão e de outros instrumentos da arte mágica[24].

Para realizar apropriadamente as maiores e mais importantes operações da arte, vários instrumentos são necessários, como uma faca com um punho branco, outra com um punho negro, e uma lança curta para traçar círculos, caracteres e outras coisas.

A faca com o punho branco (veja figura 61) deve ser feita no dia e na hora de Mercúrio, quando Marte estiver no signo de Áries ou de Escorpião. Ela será mergulhada no sangue de um ganso jovem e em suco de morrião[25], quando a Lua estiver cheia ou crescente. Mergulha também o punho branco, sobre o qual irás gravar os caracteres mostrados. Depois, perfuma-a com os odores da arte.

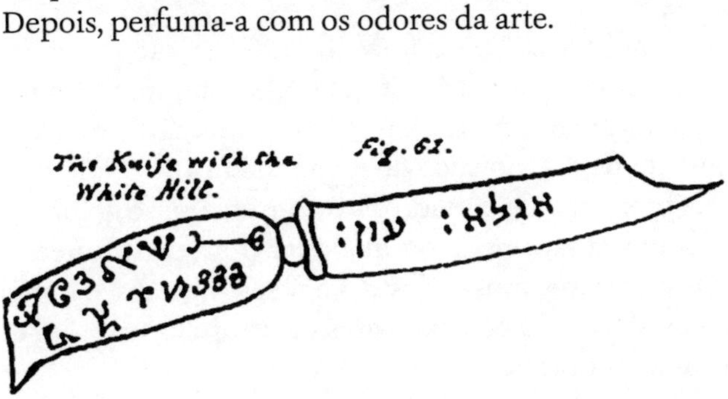

24 N.d.T. A edição de Peterson traz o seguinte título: "A respeito das facas, da espada, da faca de pena, do gráfio, da lança curta, da vara [bastão] e de outros instrumentos da arte mágica."

25 Peterson troca morrião por pimpinela.

Com esta faca poderás realizar todas as operações da arte necessárias, menos os círculos. Mas se te parecer demasiado incômodo fazer uma faca com essas características, manda fazer uma similar; e deverás colocá-la três vezes no fogo até que ela fique vermelha; a cada vez, a mergulharás no sangue e no suco mencionados; prende o punho branco, tendo gravado nele os caracteres mostrados, e, sobre a lâmina, irás escrever com a caneta da arte, começando da ponta até o punho, os nomes Agla e On, como mostrado na figura 61. Depois, irás perfumá-la e aspergi-la, e envolvê-la em um pedaço de seda.

Mas, a respeito da faca com o punho negro (veja figura 62) para fazer o círculo, e com ela incutir terror e medo aos espíritos, ela deve ser feita da mesma maneira, mas no dia e na hora de Saturno, e mergulhada no sangue de um gato preto e em suco de cicuta, com os caracteres mostrados na figura 62, da ponta em direção ao punho. Isso feito, a envolvas em um pano de seda preta.

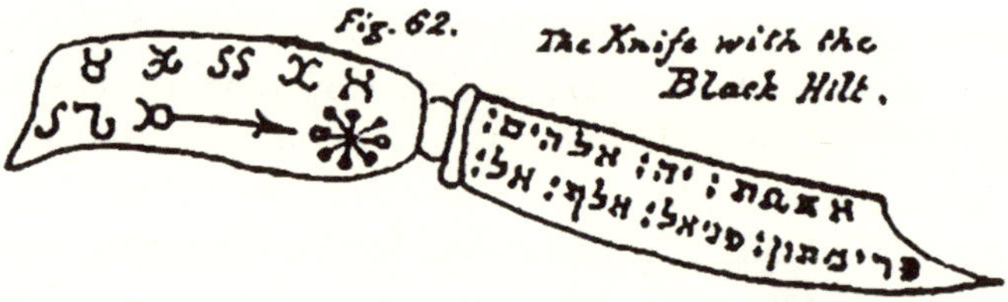

A cimitarra (figura 63) e a foice (figura 64)[26] são feitas da mesma maneira, assim como a adaga (figura 65), o punhal (figura 66) e a lança curta (figura 67), no dia e na hora de Mercúrio, e mergulhados em sangue de pega e no suco de erva mercúrio[27]. Tu deves fazer os punhos de buxo branco cortado da árvore em um só golpe, no nascer do Sol, com uma faca nova ou qualquer outro instrumento conveniente. Os caracteres mostrados devem ser traçados sobre eles. Irás perfumá-las de acordo com as regras da arte; e envolvê-las em pano de seda como os outros.

---

26 N.d.T. Em sua edição, Peterson especifica uma faca de pena ou caneta e uma lança curta em vez de cimitarra e foice.

27 N.d.T. Peterson afirma que a erva em questão é da mercurial-vivaz (*Mercuriallis perennis*), e não da erva mercurial (*Mercuriallis annua*). O original de Mathers diz apenas "Mercury herb", que normalmente é utilizado para erva mercurial.

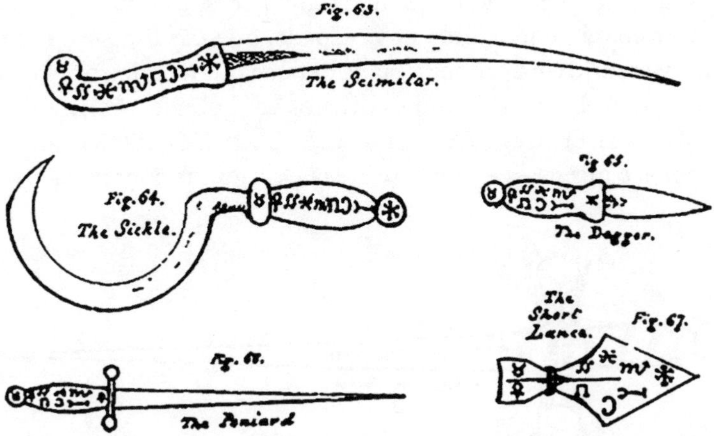

O bastão (figura 68) deve ser feito de sabugueiro, cana-do-reino ou pau-rosa[28]; e a vara (figura 69)[29], de aveleira ou nogueira[30], em ambos os casos, de madeira virgem, ou seja, com apenas um ano de crescimento. Elas devem ser cortadas da árvore com apenas um golpe, no dia de Mercúrio, ao nascer do Sol. Os caracteres precisam ser escritos ou gravados sobre elas no dia e na hora de Mercúrio.

Isso feito, deverás dizer:

> ADONAI, mais sagrado[31], digna-te a abençoar e consagrar esta vara, e este bastão, para que eles possam obter as virtudes necessárias, por Ti, ó mais sagrado ADONAI, cujo reino permanecerá até a era das eras. Amém.

Depois que os tiveres perfumado e consagrado, coloca-os em um local limpo e puro, para que sejam usados quando necessário.

28 N.d.T. Segundo Peterson, Mathers, por erro, traduziu junco como pau-rosa.

29 N.d.T. Peterson aponta que, no capítulo 7, a vara e o bastão aparecem de modo intercambiável; para ele, os caracteres são versões corrompidas de AGLA, VN e IHVH, seguindo o monge e ocultista alemão Thristemius.

30 N.d.T. Ainda de acordo com Peterson, vários manuscritos especificam apenas a aveleira.

31 N.d.T. Com base em dois manuscritos, Peterson insere aqui a frase "EL, o mais forte".

Espadas também são frequentemente necessárias nas artes mágicas. Tu tomarás, então, uma nova espada, que irás limpar e polir no dia de Mercúrio e na primeira ou na décima quinta hora, e nela escreverás, em um lado, estes nomes divinos em hebraico: YOD HE VAU HE, ADONAI, EHEIEH, YAYAI; no outro, ELOHIM GIBOR (figura 70). Asperge-a e incensa-a e repete sobre ela a seguinte conjuração:

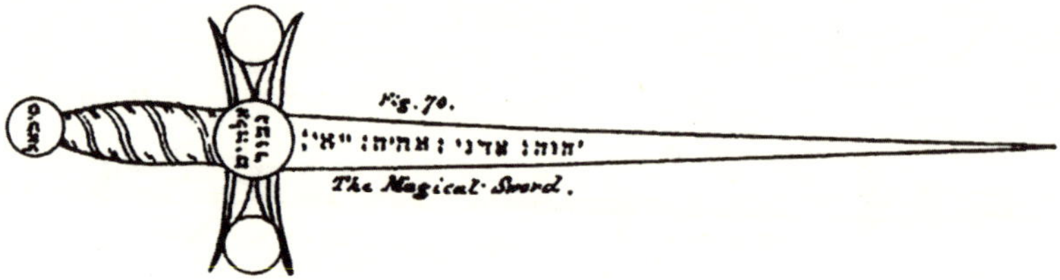

A CONJURAÇÃO DA ESPADA

Eu te conjuro, ó espada, por estes nomes, ABRAHACH, ABRACH, ABRACADABRA, YOD HE VAU HE, para que tu me sirvas como força e defesa em todas as operações mágicas, contra todos os meus inimigos, visíveis ou invisíveis.

Eu te conjuro novamente pelo nome sagrado e indivisível de EL, forte e maravilhoso; pelo nome SHADDAI, todo-poderoso; e pelos nomes QADOSCH, QADOSCH, QADOSCH, ADONAI ELOHIM TZABAOTH, EMANUEL, o Primeiro e o Último, Sabedoria, Caminho, Vida, Verdade, Chefe, Fala, Mundo, Esplendor, Luz, Sol, Fonte, Glória, a Pedra do Sábio, Virtude, Pastor, Sacerdote, Messias, Imortal; por estes nomes então, e pelos outros nomes, eu te conjuro, ó espada, para que me sirvas como proteção em todas as adversidades. Amém.

Isso feito, irás envolvê-la também em seda, como todos os outros instrumentos, devidamente purificada e consagrada com todas as cerimônias requisitadas para a perfeição de todas as artes e operações mágicas.

Tu farás três[32] outras espadas para o uso dos discípulos.

32 A descrição das três espadas para os discípulos só é dada no manuscrito Sloane 1307. (N.d.T. Peterson aponta que ela também aparece no manuscrito Add. 10862).

A primeira deverá levar no pomo do punho o nome CARDIEL ou GABRIEL[33] (figura 71); no lamen[34] do guarda-mão, REGION (figura 72); na lâmina, PANORAIM HEAMESIN (figura 73).

Fig. 71. Fig. 72. Fig. 73.

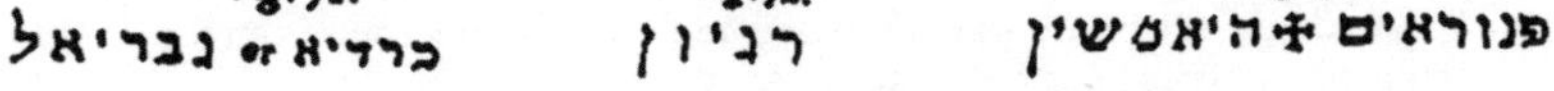

A segunda terá no pomo do punho o nome AURIEL (figura 74); no lamen do guarda-mão, SARION (figura 75); na lâmina, GAMORINDEBALIN (figura 76).

Fig. 74. Fig. 75. Fig. 76.

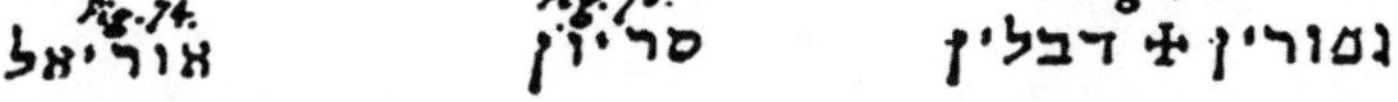

Na terceira, o nome que vai no pomo do punho é DAMIEL ou RAFAEL (figura 77); no lamen do guarda-mão, YEMETON (figura 78); na lâmina, LAMEDIN ERADIN (figura 79).

Fig. 77. Fig. 78. Fig. 79.

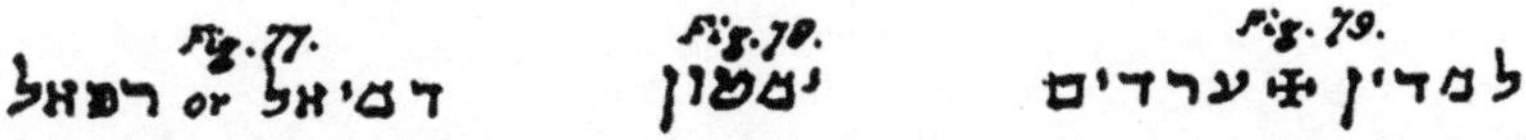

O buril[35] (figura 80) ou gravador é útil para gravar ou incisar caracteres. No dia e na hora de Marte ou de Vênus, deverás fazer nele os caracteres mostrados, e, depois que for aspergido e incensado, irás repetir sobre ele a seguinte prece:

Fig. 80.

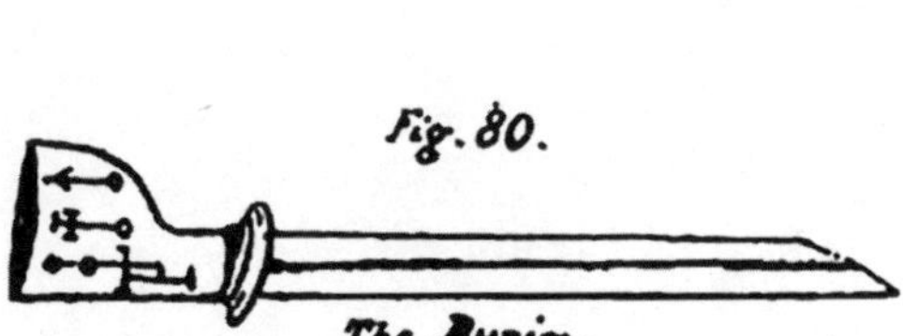

The Burin.

33 N.d.T. Segundo Peterson, o manuscrito inclui apenas o nome Cardiel.

34 N.d.T. Tipo de placa ou amuleto usado em frente ao peito, amarrado no pescoço, em diferentes linhas de magia.

35 O trecho daqui até o final do capítulo é do manuscrito Lansdowne 1203

PRECE

ASOPHIEL, ASOPHIEL, ASOPHIEL, PENTAGRAMMATON, ATHANATOS, EHEIEH ASHER EHEIEH, QADOSCH, QADOSCH, QADOSCH; ó Deus eterno, e meu Pai, abençoa este instrumento preparado em tua honra, para que sirva apenas para bom uso e bom propósito, por Tua glória. Amém.

Após o teres perfumado novamente, deverás reservá-lo para o uso. A agulha deve ser consagrada da mesma maneira.

CAPÍTULO 9

Sobre[36] a formação do círculo.

Tendo escolhido um local para a preparação e construção do círculo, e com as coisas necessárias preparadas para a perfeição das operações, toma a foice ou cimitarra[37] da arte e finca-a no centro do lugar onde ele será feito; pega então uma corda com nove pés[38] de comprimento e, prendendo uma ponta sob a foice, traça com a outra a circunferência do círculo, que pode ser marcada com a espada ou com a faca de cabo preto.

Então, dentro do círculo, marca quatro regiões, em direção ao Leste, ao Oeste, ao Sul e ao Norte, e coloca nelas símbolos; e, além dos limites deste círculo, faze outro com a faca ou a espada consagradas, deixando um espaço aberto na direção Norte, por onde possas entrar e sair. Além desse segundo círculo, faze outro a um pé[39] de distância com o instrumento mencionado, sempre deixando um espaço aberto para entrada e saída, correspondendo ao que está no outro. Depois desse, faze ainda outro, também a um pé de distância; adiante desses círculos, que estão além do círculo da arte, mas todos com o mesmo centro, desenharás pentagramas contendo os símbolos e nomes do Criador, de modo que eles cerquem o círculo mencionado.

Do lado de fora destes círculos deverás circunscrever um quadrado, e, além dele, outro, de modo que os ângulos do primeiro toquem os centros dos lados do segundo, e que os ângulos deste último apontem para os pontos do universo, Leste, Oeste, Norte e

---

36 Este capítulo aparece apenas no manuscrito Add. 10862. (N.d.T. Segundo Peterson, o texto também está nos manuscritos Sloane 1307, Sl. 3847, Sl. 2383, Aub. 24)

37 N.d.T. Peterson troca "foice ou cimitarra" por "faca de pena".

38 N.d.T. 2,74 m.

39 N.d.T. 30,48 cm

Sul; e, nos quatro ângulos de cada quadrado, tocando-os, desenha círculos menores, onde serão colocados incensários com carvão[40] aceso e odores doces.

Após tudo isso feito, o Mago da Arte[41] reunirá seus discípulos e os exortará, os encorajará e os alegrará; levá-los-á para o círculo da arte e lá os posicionará em direção dos quatro quadrantes do universo; estimulá-los-á a nada temerem e a persistirem em seus locais designados[42].

Além disso, cada um dos companheiros levará uma espada além da espada da arte, que irá segurar com a mão nua. Então o mago sairá do círculo, avivará os incensórios e colocará neles o incenso exorcizado, conforme dito no capítulo das fumigações; ele levará o incensório[43] nas mãos e o reavivará, e o colocará no local preparado. Ele entrará no círculo novamente e fechará com cuidado as aberturas no mesmo; novamente alertará seus discípulos, tomará a trombeta da arte, conforme dito no capítulo a este respeito, e incensará os quatro quadrantes do universo.

Depois disso, o mago dará início a seus encantamentos, tendo colocado a foice, a espada ou outro implemento da arte na vertical no chão aos seus pés. Tendo soado a trombeta[44] como já ensinamos, que ele invoque os espíritos, e, se for preciso conjurá-los, faça como foi dito no Primeiro Livro; tendo obtido o efeito desejado, dê a eles licença para partir.

Aqui segue a forma do círculo (veja figura 81), no qual aquele que entra estará seguro como em um castelo fortificado, e nada será capaz de feri-lo.

---

40 N.d.T. Segundo Peterson, o manuscrito Add. 10862 especifica que o carvão é de loureiro; e o Aub. 24 adiciona quatro velas; o capítulo 22 instrui a queimar madeiras apropriadas para invocar os espíritos.

41 O manuscrito registra "Maghus" (mago), e não "Magister" (mestre).

42 Peterson aponta aqui a omissão de uma frase: "O associado ao Leste deve portar a faca de pena, tinta e pergaminho ou papel brilhante".

43 N.d.T. Em sua edição, Peterson troca "incensário" por "vela".

44 N.d.T. Com base em outro manuscrito, Peterson especifica que a corneta deve ser tocada em direção ao leste.

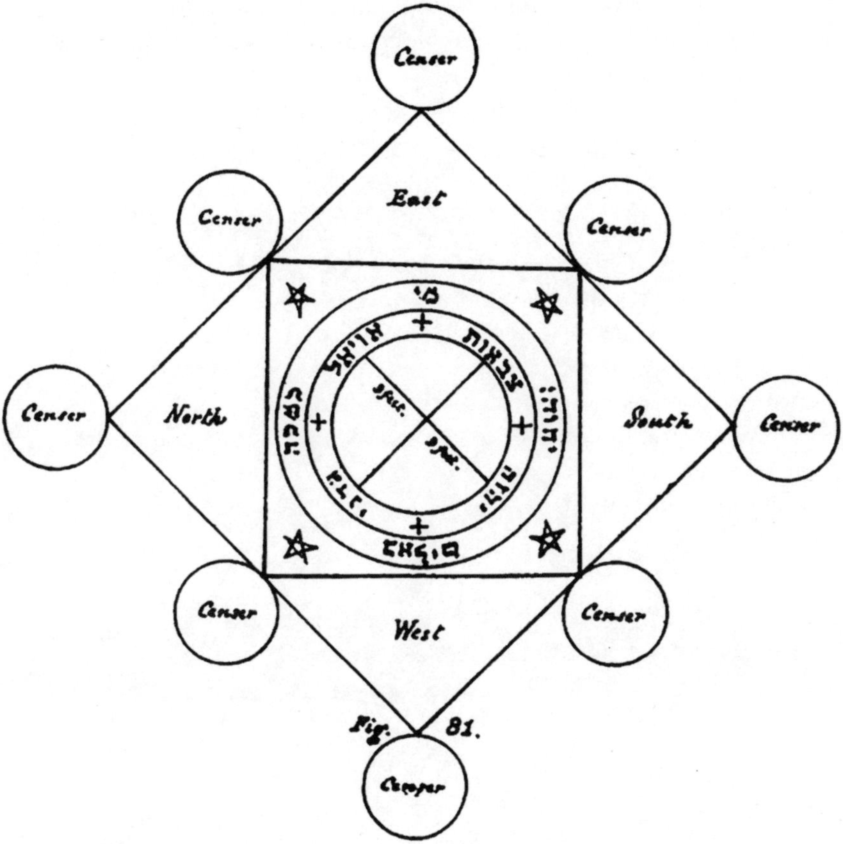
Censer
East
Censer
Censer
Censer
North
South
Censer
Censer
West
Censer
Fig. 81.

CAPÍTULO 10

A respeito do incenso, das sufumigações, dos perfumes, dos odores e das coisas similares usadas nas artes mágicas.

Há diferentes variedades de incenso, sufumigações e perfumes, que são feitos para os espíritos e a eles oferecidos; aqueles com odor doce são para os bons, enquanto os que têm cheiro maligno são para os maus.

Para perfumes com bom odor, toma incensos, aloés, noz-moscada, resina de benjoim, almíscar e outras especiarias aromáticas, sobre as quais deverás dizer:

O EXORCISMO DO INCENSO

Ó Deus de Abraão, Deus de Isaac, Deus de Jacó, digna-Te a abençoar essas especiarias odoríficas para que elas possam receber força, virtude e poder de atrair os bons espíritos, e de banir e de fazer com que se retirem os fantasmas hostis. Por Ti, ó mais sagrado ADONAI, que vives e reinas até a era das eras.

Eu te exorcizo, ó espírito impuro e sujo, tu que és um fantasma hostil, em nome de Deus, para que abandones este perfume, tu e todas as tuas enganações, para que ele seja consagrado e santificado em nome de Deus Todo-Poderoso. Que o Espírito Santo de Deus conceda proteção e virtude aos que usam estes perfumes; e que os espíritos e fantasmas hostis e malignos jamais possam entrar aqui, pelo nome inefável de Deus Todo-Poderoso. Amém.

Ó Senhor, digna-Te a abençoar e santificar esta criatura do perfume, para que seja um remédio para a humanidade, para a saúde do corpo e da alma, por meio da invocação de Teu nome santo. Que todas as criaturas que recebem o odor deste incenso e destas especiarias recebam saúde de corpo e de alma, por ele, que modelou as eras. Amém.

Depois disso, asperge as várias especiarias na água da arte, e coloca-as em um pedaço de seda como nos outros casos, ou em uma caixa destinada para esse propósito; assim as terás prontas para uso quando necessário. Quando desejares usar o incenso, farás fogo com carvão fresco, em vasilhas de barro recentemente vitrificadas por dentro e por fora, acendendo a chama com aço e pederneira, e, com o fogo aceso, dirás sobre ele as seguintes palavras, antes de jogar nele as especiarias:

O EXORCISMO DO FOGO

> Eu te exorcizo, ó criatura do fogo, por Ele por quem todas as coisas foram feitas, para que todo tipo de fantasma saia de ti, e sejas incapaz de ferir ou enganar de qualquer maneira, pela invocação do mais alto Criador de tudo. Amém.
>
> Abençoa, ó Senhor Todo-Poderoso e Todo-Misericordioso, essa criatura do fogo, que, abençoada por Ti seja para a honra e a glória de Teu nome mais sagrado, para que não faça o mal ou traga nenhum estorvo aos que a usam. Por Ti, ó Senhor eterno e Todo-Poderoso, e por Teu mais santo nome. Amém.

Isso feito, coloca as especiarias sobre o fogo[45], e faze os perfumes e sufumigações que requeres.

Sobre as fumigações tu dirás:

> ADONAI, LAZAI, DALMAI, AIMA[46], ELOHI, ó Santo Pai, concede-nos socorro, favor e graça, pela invocação do Teu nome sagrado, para que essas coisas nos sirvam de auxílio no que desejamos realizar aqui, que todo o engano saia delas, e que sejam abençoadas e santificadas pelo Teu nome. Amém.

45 N.d.T. Segundo Peterson, após "fogo", Mathers omite o trecho "no incensório".

46 N.d.T. Neste ponto, Peterson inclui o nome Saday.

CAPÍTULO 11

A respeito da água e do hissopo.

Caso seja necessário aspergir água em qualquer coisa exigida pela arte, isso deve ser feito com um aspersório.

Prepara um incensório no dia e na hora de Mercúrio, com especiarias aromáticas da arte. Depois disso, toma um recipiente de bronze, chumbo envernizado por dentro e por fora, ou barro[47], que encherás com a água de nascente mais limpa; e deverás ter sal e dizer sobre ele essas palavras:

> TZABAOTHI MESSIACH, EMANUEL, ELOHIM GIBOR, YOD HE VAU HE[48]; ó Deus, que é a verdade e a vida, digna-Te a abençoar e santificar esta criatura do sal, para que ela nos sirva como ajuda, proteção e assistência nesta arte, experimento e operação, e possa ser um socorro para nós.

Após jogar o sal no vaso onde está a água, dize os seguintes salmos: cii (102); liv (54); vi (6); lxvii (67)[49].

Então faze um aspersório de verbena, funcho, lavanda, sálvia, valeriana, hortelã, manjericão, alecrim e hissopo[50], colhidos no dia e na hora de Mercúrio, com a Lua em crescente[51]. Amarra essas ervas com um fio fiado por uma jovem donzela, e grava sobre o

---

47 N.d.T. Em sua versão da *Clavícula*, Peterson coloca aqui "estanho ou barro".

48 N.d.T. Nomes na edição de Peterson: Tzabaoth, Messiach, Nghimanuel, Eloyn Gibor, Jehovah.

49 N.d.T. A edição de Peterson traz o salmo 51 em vez do 67.

50 N.d.T. Segundo Peterson, seguindo um dos manuscritos, alecrim deve ser usado no lugar do hissopo, e não junto.

51 N.d.T. Peterson adiciona neste ponto a seguinte frase: "Então corte um cabo com um só golpe de um galho virgem de aveleira; o comprimento deve ser de três palmos".

cabo, de um lado, os caracteres mostrados na figura 82, e do outro, os da figura 83.

Fig. 82.

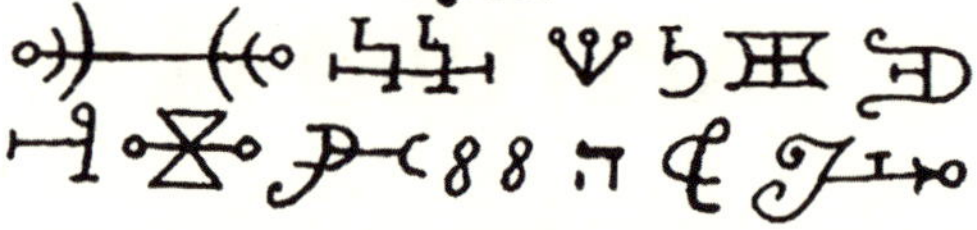

Fig. 83.

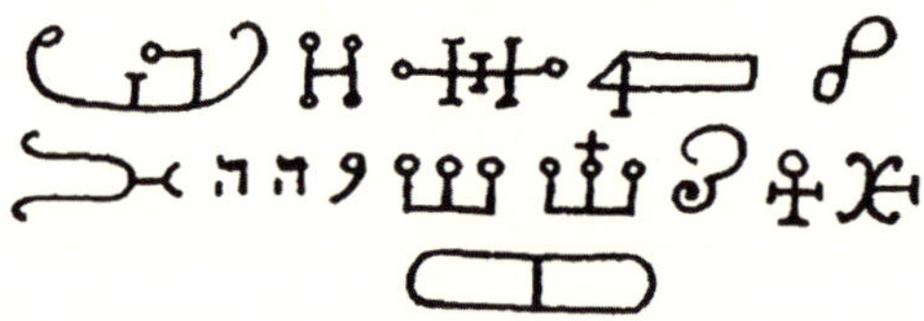

Depois disso, poderás usar a água, utilizando o aspersório sempre que necessário; e saberás que onde quer que borrifes essa água, ela vai espantar todos os fantasmas, e eles serão incapazes de estorvar ou irritar de qualquer maneira. Com essa mesma água deverás fazer todas as preparações da arte.

CAPÍTULO 12

Sobre a luz e o fogo.

Foi sempre costume entre todas as nações usar fogo e luz nas coisas sagradas. Por essa razão, o MESTRE DA ARTE também deverá empregá-los nos ritos sagrados, e, além daquelas para ler as conjurações e para o incenso, em todas as operações é necessário ter luz no círculo.

Assim, ele deverá fazer velas de cera virgem no dia e na hora de Mercúrio; os pavios precisam ser feitos por uma jovem garota; e as velas, feitas quando a Lua está em crescente, com peso de meia libra[52] cada uma, e nelas gravarás estes caracteres com a adaga ou o buril[53] da arte (veja figura 84).

Fig. 84.

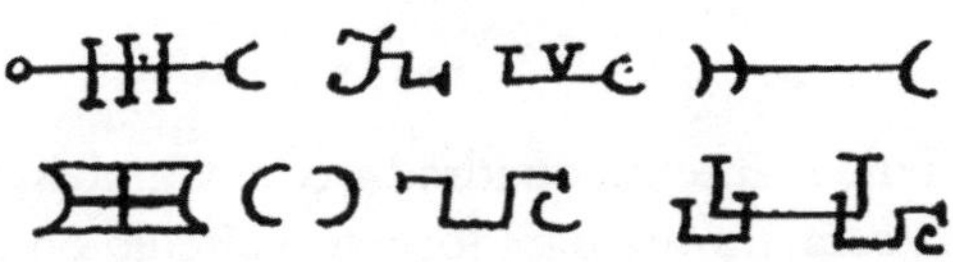

Depois disso, repetirás sobre as velas os salmos cli (151); ciii (103); cvii (107)[54]; e dirás:

> Ó Senhor Deus, que governas todas as coisas por Tua força toda poderosa, concede a mim, um pobre pecador, conhecimento e sabedoria para fazer apenas o que for agradável a Ti; concede-me que

52 N.d.T. 226,79 g.

53 N.d.T. Peterson substitui "adaga ou buril" por "gráfio".

54 N.d.T. Novamente de acordo com Peterson, os salmos são 150, 103, 117.

eu Te tema, Te adore, Te ame, Te louve, e agradeça a Ti com fé verdadeira e sincera, e em perfeita misericórdia. Concede-me, ó Senhor, antes que eu morra, e desça aos reinos abaixo, e antes que as chamas flamejantes me devorem, que Tua graça não me deixe, ó Senhor de minha alma. Amém.

Após isso, adicionarás:

> Eu te exorcizo, ó criatura da cera, por Ele que sozinho criou todas as coisas com Sua palavra, e pela virtude Dele que é verdade pura, para que tu expulses cada fantasma, perversão e engano do inimigo, e que a virtude e o poder de Deus entrem em ti, para que possas nos dar luz e afastar de nós todo medo ou terror.

Isso dito, borrifa-as com a água da arte, e incensa-as com os perfumes usuais[55].

E quando desejares acendê-las, então dirás:

> Eu te exorcizo, ó criatura do fogo, em nome do Senhor Eterno e Soberano, por Seu nome inefável, que é YOD, HE, VAU, HE; pelo nome IAH; e pelo nome de poder EL; que tu possas iluminar o coração de todos os espíritos que iremos chamar a este círculo, para que eles apareçam diante de nós sem fraude e engano, por Ele que criou todas as coisas.

Então toma uma lanterna quadrada, com vidraças de cristal, e ali encaixa a vela acesa, pronta para formar o círculo ou para qualquer outro propósito para o qual possas precisar dela.

55 N.d.T. Segundo Peterson, o manuscrito Aub. 24 inclui aqui o seguinte trecho: "Sobre os carvões, diga: ó carvões, que retêm o fogo, abençoam, santificam e purificam este fogo, pelo poder do mais sagrado sinal [pentagrama] e esta água benta".

CAPÍTULO 13

A respeito dos preceitos da arte[56].

Ele que conquistou a posição ou grau de exorcista, normalmente chamado de mago ou mestre de acordo com o posto, quando desejar empreender qualquer operação, pelos nove dias precedentes ao começo do trabalho deve se isolar de toda sujeira, preparar-se em segredo durante esse período, durante o qual irá elaborar todas as coisas que devem ser feitas, consagradas e exorcizadas.

Isso devidamente feito, ele irá, no dia e na hora do começo do trabalho, ao lugar reservado a este último, como foi dito na parte acerca da formação do círculo. Ele instruirá seus discípulos a não se moverem dos locais assinalados a eles por nenhum motivo. E o mago deverá exortá-los com uma voz corajosa e confiante, como se segue:

A EXORTAÇÃO DOS COMPANHEIROS

Não temais, meus amados companheiros, vendo que chegamos perto da conclusão desejada; portanto, sendo todas as coisas feitas e as conjurações e exorcismos realizados diligentemente, iremos contemplar os reis dos reis, os imperadores dos imperadores, e outros reis, príncipes e majestades com eles, e uma grande multidão de seguidores com toda sorte de instrumentos musicais - ainda assim, o mago ou seus discípulos nada devem temer.

56 Este capítulo consta apenas do manuscrito Add. 10862 (N.d.T. Peterson aponta que ele aparece também em Sl. 3847).

E o mago dirá:

> Eu vos exorto por estes nomes sagrados de Deus, ELOHIM, ADONAI, AGLA, que nenhum de vós se mova ou cruze os lugares que vos foram indicados.

Isso dito, que o mago e os discípulos descubram os pentáculos sagrados e os mostrem a cada ponto do universo, e, após mostrados em cada local, haverá ruídos e atropelos.

Então o imperador (dos espíritos) dirá a vós:

Do tempo do grande Addus[57] até agora não houve um exorcista que pôde contemplar minha pessoa, e se não fossem essas coisas[58] que nos mostrastes, não teríeis me visto. Mas vendo o que nos chamastes poderosamente, como acredito, pelos ritos derivados de Salomão, que poucos de seus camaradas, ou exorcistas, possuem, eles também nos compelem contra nossa vontade, e assim tenho de vos dizer que desejamos ser obedientes em todas as questões.

Então o mago deve colocar suas petições e as de seus companheiros, escritas claramente em papel ou cartão virgem, além do círculo, na direção do rei ou do príncipe dos espíritos, e ele irá recebê-las e se aconselhar com seus chefes. Depois disso, ele devolverá o cartão, dizendo:

> O que desejas está realizado, sejam tuas vontades feitas, e todas as tuas demandas, satisfeitas.

---

57 N.d.T. Em sua edição, Peterson aponta que no manuscrito Add. 3847, "grande Addus" é trocado por "Salomão".

58 Pentáculos.

CAPÍTULO 14

Acerca da caneta, da tinta e das cores.

TODAS as coisas empregadas para escrever etc. nesta arte devem ser preparadas da seguinte maneira: pega um ganso macho jovem, do qual tomarás a terceira pena da asa direita[59], e, ao arrancá-la, dize:

> ADRAI, HAHLII, TAMAH, TILONAS, ATHAMAS, ZIANOR, ADONAI[60], expulsai desta caneta todo o engano e o erro, para que ela possa ter virtude e eficácia para escrever tudo o que desejo. Amém.

Depois disso, irás afiar a pena com o canivete da arte[61], perfumá-la, aspergi-la e colocá-la à parte em um pano de seda.

Fig. 85.

יהוה : מטטרון : יה יה יה : קדוש :
אלהים צבאות :

Deverás ter um tinteiro feito de barro ou de qualquer material conveniente, e, no dia e na hora de Mercúrio, deves gravar nele com o buril da arte os seguintes nomes: Yod, He, Vau, He, Metatron, Iah Iah Iah, Qadosch, Elohim Tzabaoth (ver figura 85); e; ao enchê-lo de tinta, dirás:

---

59 N.d.T. Neste ponto, Peterson aponta que o manuscrito Aub. 24 inclui: "no dia e na hora de Mercúrio".

60 N.d.T. Versão de Peterson: Abray, Habyly, Samay, Tiedonay, Athamas, Seaver, Adonai.

61 N.d.T. Peterson, novamente apontando um erro de tradução de Mathers, troca "canivete" por "caneta de pena".

> Eu te exorcizo, ó criatura da tinta, por ANAIRETON, por SIMULATOR e pelo nome ADONAI, e pelo nome Dele, por quem todas as coisas foram feitas, para que sejas para mim auxílio e socorro em todas as coisas que desejo realizar com tua ajuda.

Como às vezes ocorre ser necessário escrever com uma cor nobre, é bom ter uma caixa nova e limpa[62] onde colocá-las. As cores principais serão amarelo ou dourado, vermelho, azul-celeste, verde e marrom; qualquer outra cor poderá ser requisitada. Deverás exorcizá-las, perfumá-las e aspergi-las da maneira usual.

62 N.d.T. Segundo Peterson, os manuscritos trazem "tinteiro de chifre branco e novo" em vez de "caixa nova e limpa".

CAPÍTULO 15

Acerca da pena de andorinha e da de corvo[63].

Toma a pena de uma andorinha ou de um corvo e, antes de arrancá-la, dize:

> Sejam o santo MIGUEL, o arcanjo de Deus, e MIDAEL e MIRAEL[64], os chefes e capitães do Exército Celestial, meus auxiliares nesta operação que estou prestes a realizar, para que eu possa deste modo escrever todas as coisas necessárias, para que os experimentos que eu comece possam, por vós e por vossos nomes, ser aperfeiçoados pelo poder do Altíssimo Criador. Amém.

Depois disso, aponta e completa a pena com a faca da arte, e com a pena e a tinta da arte, escreve em seu lado o nome ANAIRETON (veja figura 86); e deverás dizer sobre ela os salmos cxxxiii (133) e cxvii (117).

Fig. 86.

אנאירטון :

63 N.d.T. Peterson troca "corvo" por "pombo".

64 N.d.T. Na edição de Peterson, Mutiel e Miniel.

CAPÍTULO 16

Acerca do sangue de morcego, pombo e outros animais.

Toma um morcego vivo e o exorciza da seguinte maneira:

O EXORCISMO DO MORCEGO

CAMIACH, EOMIAHE, EMIAL, MACBAL, EMOII, ZAZEAN, MAIPHIAT, ZACRATH, TENDAC, VULAMAHI[65]; por estes nomes mais sagrados os outros nomes dos anjos que estão escritos no livro ASSAMAIAN,[66]eu te conjuro, ó morcego (ou qualquer animal que seja) para que me auxilies nesta operação, por Deus, o Verdadeiro, o Sagrado, o Deus que te criou, e por Adão, que te impôs teu verdadeiro nome e os de todos os outros seres animados.[67]

Depois disso, toma a agulha ou outro instrumento da arte conveniente, como será dito adiante, perfura o morcego na veia de sua asa direita e coleta o sangue em uma vasilha pequena, sobre a qual dirás:

Poderosos ADONAI, ARATHRON, ASHAI, ELOHIM, ELOHI, ELION, ASHER EHEIEH, SHADDAI, ó Senhor Deus, imaculado, imutável, EMANUEL, MESSIACH, YOD, HE, VAU, HE, sejam minha ajuda, para que este sangue possa ter o poder e a eficácia que eu desejar, e em tudo que eu demandar.

---

65 N.d.T. Na edição de Peterson, os nomes são Camiach, Cantac, Emial, Mial, Emore, Barca, Marbat, Cacrat, Zandac, Valamach.

66 O "Sepher Ha-Shamaiim", ou "Livro dos céus".

67 N.d.T. Segundo Peterson, outros manuscritos incluem aqui o seguinte trecho: "Ó anjos ADONAY, ELOHY, AGLAY, AGLATHA: sede vós nosso socorro, para que este discurso seja cumprido".

Perfuma-o e guarda-o para uso.

O sangue de animais alados deve ser tirado da mesma maneira, com as solenidades apropriadas.

Observação - Não tenho como ser mais veemente ao alertar os leitores deste volume de que o uso de sangue é mais ou menos conectado com magia negra, e que deve ser evitado tanto quanto possível.

CAPÍTULO 17

Acerca do pergaminho virgem, ou papel virgem, e de como ele deve ser preparado.

Papel virgem, ou cartão, é aquele novo, puro, limpo e exorcizado, nunca tendo servido para nenhum outro propósito.

Pergaminho virgem é necessário em muitas operações mágicas, e deve ser apropriadamente preparado e consagrado. Há dois tipos, um chamado de virgem, e o outro, de nonato. O virgem é o que foi tirado de um animal que não alcançou a idade de geração, seja carneiro, cabrito ou outro animal.

O pergaminho nonato é aquele que vem de um animal que foi tirado antes do tempo do útero de sua mãe.

Toma qualquer dessas classes de animais que desejares, desde que seja macho, no dia e na hora de Mercúrio, e leva-o a um local secreto, onde nenhum homem poderá ver-te trabalhando. Deverás ter um junco cortado em um só golpe com uma faca nova, que desfolharás enquanto repetes esta conjuração:

A CONJURAÇÃO DO JUNCO

Eu te conjuro pelo Criador de todas as coisas, e pelo rei dos anjos, cujo nome é EL SHADDAI, para que recebas força e virtude para esfolares este animal e construíres o pergaminho no qual escreverei os nomes sagrados de Deus, e que ele adquira tamanha virtude que tudo que eu escrever ou disser obtenha seu efeito, por Ele que vive até as eras eternas. Amém.

Antes de cortar o junco, recita o salmo lxxii (72).

Fig. 87.

Depois, com a faca da arte, deverás moldar o junco em forma de faca, e sobre ele escreverás os seguintes nomes: AGLA, ADONAI, ELOHI (veja figura 87), por quem seja o trabalho desta faca realizado. Então dize:

> Ó Deus, que retiraste Moisés, Teu bem-amado e eleito, dos juncos das margens pantanosas do Nilo, e das águas, ele ainda uma criança, concede-me por Tua grande misericórdia e compaixão que este junco possa receber poder e virtude para o resultado que desejo, por Teu santo nome e os nomes dos Teus anjos sagrados. Amém.

Após isso, começa a esfolar o animal com esta faca, sendo virgem ou nonato, dizendo:

> ZOHAR, ZIO, TALMAÏ, ADONAI, SHADDAI, TETRAGRAMMATON[68], e vós, anjos sagrados de Deus; estai presentes e concedei poder e virtude a este pergaminho, e que ele seja consagrado a vós, para que todas as coisas que escreverei nele obtenham seus resultados. Amém.

Depois de esfolado o animal, toma sal, e dize sobre ele:

> Deus dos Deuses, Senhor dos Senhores, que criaste todas as coisas da existência negativa, digna-Te a abençoar e santificar esse sal, para que, ao colocá-lo sobre este pergaminho que desejo fazer, ele tenha tal virtude que qualquer coisa que eu escreva nele depois possa obter o fim desejado. Amém.

Após isso, esfrega o dito pergaminho com o sal exorcizado, e deixa-o no sol, para absorver o sal durante um dia inteiro. Então toma um grande vaso de barro vitrificado por dentro e por fora, com o exterior arredondado, no qual escreverás os caracteres da figura 88.

---

68 N.d.T. Na edição de Peterson: "Lazay, Adonay, Dalmay, Shaddai, Tetragrammaton, Anereton, Anefeneton, Cureton".

Fig. 88.

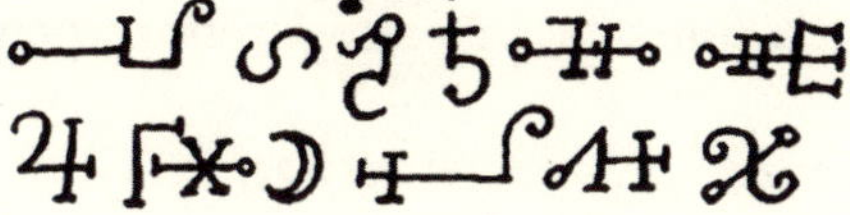

Então coloca cal em pó dentro do vaso, e dize:

> OROII, ZARON, ZAINON, ZEVARON, ZAHIPHIL, ELION[69], estai presentes e abençoai este trabalho[70], para que ele consiga o resultado desejado, pelo rei dos céus, e o Deus dos anjos. Amém.

Toma a água exorcizada e a derrama sobre a dita cal, e coloca a pele dentro do vaso por três dias, após os quais deves tirá-la e raspar a cal e a pele presa a ela com tua faca de junco.

Depois disso deves cortar, com um só golpe, uma vara de aveleira, longa o suficiente para formares um círculo com ela[71]; toma também uma corda fiada por uma jovem donzela, e pequenas pedras ou pedregulhos de um riacho, pronunciando as seguintes palavras:

> Ó Deus Adonai, Pai Sagrado e Poderoso, coloca virtude nestas pedras, para que elas sirvam para esticar este pergaminho, e para espantar daqui toda fraude, e assim obter virtude por Tua força toda poderosa.

Então, tendo estendido o dito pergaminho sobre o círculo e o prendido com a corda e as pedras, dize:

> AGLA, YOD, HE, VAU, HE, IAH, EMANUEL, abençoai e preservai este pergaminho, para que nenhum fantasma possa entrar nele[72].

---

69 N.d.T. Peterson coloca "Onay, Zaron, Lainon, Zevaron, Thiphion, Elion".

70 N.d.T. De acordo com Peterson, os manuscritos registram "cal" em vez de "trabalho".

71 N.d.T. O manuscrito Aub. 24, segundo Peterson, inclui neste ponto o seguinte trecho: "e dize, 'ó Adonay, mais sagrado, traze teu poder a esta Madeira, para que ela possa secar o pergaminho virgem consagrado'".

72 N.d.T. De acordo com Peterson, três pergaminhos incluem este trecho: "Então coloca o dito pergaminho no círculo, para secar em um local secreto e sombrio, por três dias. E quando o deixares para secar, asperge-o suavemente com água exorcizada, dizendo: 'Em nome do Deus pio e eterno, purifica-o, ó Senhor, para que fique limpo de toda a maldade e branco como a neve'".

Deixa que ele seque por três dias em um lugar escuro e sombrio, então corta a corda com a faca da arte, e retira o pergaminho do círculo, dizendo:

> ANTOR, ANCOR, TURLOS, BEODONOS, PHAIAR, APHARCAR[73], estai presentes como guardiões deste pergaminho.

Perfuma-o, então, e guarda-o em seda pronto para usar.

Nenhuma mulher que estiver usando flores poderá ver este pergaminho, ou ele perderá sua virtude. Aquele que o faz precisa estar puro, limpo e preparado.

Porém, se a preparação do mencionado pergaminho te parecer muito tediosa, poderás fazê-la da seguinte maneira, mas não é tão boa.

Fig. 89.

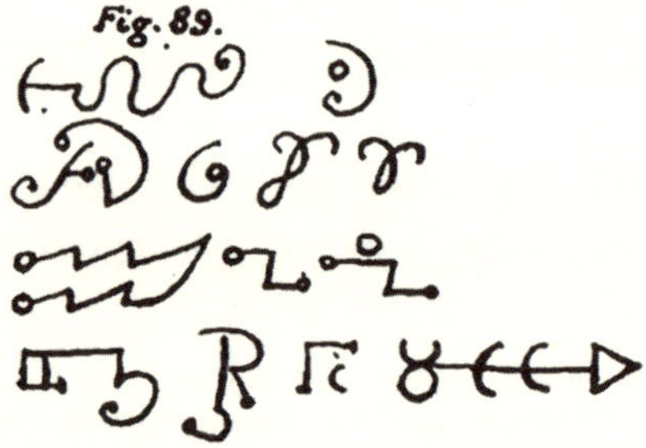

Toma qualquer pergaminho, e exorciza-o; prepara um incensório com perfumes e escreve sobre o pergaminho os caracteres da figura 89; segura-o sobre o incenso, e dize:

> Estai aqui presentes para me auxiliar, e para que minha operação seja completada por vós, ZAZAII, ZALMAII, DALMAII, ADONAI, ANAPHAXETON, CEDRION, CRIPON, PRION, ANAIRETON, ELION, OCTINOMON, ZEVANION, ALAZAION, ZIDEON, AGLA, ON, YODHE VAU HE, ARTOR, DINOTOR[74], anjos sagrados de Deus; estai presentes e instilai virtude neste pergaminho, para que ele possa obter tal poder por vós e que todos os nomes e caracteres sagrados

---

73 N.d.T. Na edição de Peterson, "ANCOR, AMACOR, AMIDES, THEODONIAS, PHAGOR, ANITOR".

74 N.d.T. A lista de nomes da versão de Peterson é "Lazay, Salmay, Dalmay, Adonai, Anereton, Cedrion, Cripon, Prion, Anaireton, Elion, Octinomon, Zevanion, Alazaion, Zideon, Agla, On, Yod He Vau He, Artor, Dinotor".

nele inscritos possam receber o devido poder, e que todos os enganos e entraves dele partam, por Deus o Senhor misericordioso e gracioso, que vive e reina por todas as eras. Amém.

Recita então sobre o pergaminho os salmos lxxii (72); cxvii (117); cxxxiv (134); e a *Benedicite Omnia Opera*[75]. E dize:

Eu te conjuro, ó pergaminho, por todos os nomes sagrados, para que obtenhas eficácia e força e te tornes exorcizado e consagrado, assim nenhuma das coisas que possam ser escritas em ti seja apagada do Livro da Verdade. Amém.

Asperge-o e guarda-o da maneira dita anteriormente.

As membranas embrionárias de recém-nascidos também podem ser usadas, devidamente consagradas, no lugar de pergaminho virgem. Além disso, cetim, seda e substâncias similares podem ser empregados em operações de menor importância, se exorcizadas e consagradas.

75 N.d.T. O já mencionado "Cântico dos três jovens", adição ao livro de Daniel.

CAPÍTULO 18

Acerca da cera e do barro virgens.

Cera e barro virgens também são empregados em muitas operações mágicas, seja para fazer imagens, ou velas, e outras coisas; dessa maneira, jamais pode ter tido outro uso anteriormente. Deves escavar o barro com tuas próprias mãos, e reduzi-lo a uma pasta, sem tocá-lo com nenhum instrumento que seja, para que não seja corrompido.

A cera deve ser tomada de abelhas que a fizeram pela primeira vez, e jamais pode ter sido utilizada para outro propósito; quando quiseres utilizar-te de uma ou de outra, antes do início do trabalho, repete a seguinte conjuração:

CONJURAÇÃO

EXTABOR, HETABOR, SITTACIBOR, ADONAI, ONZO, ZOMEN, MENOR, ASMODAL, ASCOBAT, COMATOS, ERIONAS, PROFAS, ALKOMAS, CONAMAS, PAPUENDOS, OSIANDOS, ESPIACENT, DAMNATH, EHERES GOLADES, TELANTES, COPHI, ZADES[76], vós, anjos de Deus, estai presentes, pois eu vos invoco em meu trabalho, para que por vós ele tenha virtude e realização. Amém.

Depois disso, repete os salmos cxxxi (131); xv (15); cii (102); viii (8); lxxxiv (84); lxviii (68); lxxii (72); cxxxiii (133); cxiii (113); cxxvi (126); xlvi (46); xlvii (47); xxii (22); li (51); cxxx (130); cxxxix (139); xlix (49); cx (110); liii (53); e dize[77]:

---

76 N.d.T. Na versão de Peterson: "Extabor, Netabor, Sitacibor, Adonai, On, Lazomen, Mechor, Asmodah, Ascobac, Comtac, Erionas, Profetas, Aliomas, Conamas, Papieredos, Osiandos, Narbonidas, Almay, Cacay, Coaqnay, Equevat, Damnat, Vernas, Compares, Scies, Gerades, Serantes, Cophilades".

77 N.d.T: A lista de salmos dada por Peterson é: 131, 15, 102, 8, 84, 68, 50, 54, 72, 133, 114 e 115, 126, 47, 46, 22, 51,130,139.

Eu te exorcizo, ó criatura de cera (ou barro), pelo nome santo de Deus e de Seus anjos sagrados recebas bênção, para que seja assim santificada e abençoada, e obtenha as virtudes que desejamos, pelo mais santo nome de ADONAI. Amém.

Asperge a água e a separa para uso; mas nota que o barro deve ser cavado com tuas mãos e preparado a cada vez que tiveres necessidade dele.

CAPÍTULO 19

A respeito da agulha e de outros instrumentos de ferro.

Há vários instrumentos de aço necessários em diferentes operações, como a agulha, para espetar ou costurar; o buril, ou instrumento para gravar etc.

Deverás fazer tais instrumentos no dia e na hora de Júpiter, e quando estiver pronto, dirás[78]:

> Eu te conjuro, ó instrumento de aço, por Deus o Pai Todo-Poderoso, pela virtude dos céus, das estrelas e dos anjos que os presidem; pela virtude das pedras, ervas e animais; pela virtude do granizo, da neve e do vento; para que tu recebas tal virtude que possas obter sem engano o final que desejo em todas as coisas nas quais eu te usarei; por Deus o Criador das Eras, e Imperador dos Anjos. Amém.

Depois disso, lê os salmos iii (3); ix (9); xxxi (31); xlii (42); lx (60); li (51); cxxx (130)[79].

Perfuma-o com os perfumes da arte, e asperge-o com água exorcizada, envolve-o em seda e dize:

> DANI, ZUMECH, AGALMATUROD, GADIEL, PANI, CANELOAS, MEROD, GAMIDOI, BALDOI, METRATOR[80], anjos mais sagrados, estai presentes como guardiões deste instrumento.

---

78 N.d.T. A edição de Peterson, com base em outros manuscritos, diz que o instrumento deve ser terminado no dia e na hora de Vênus.

79 N.d.T. A lista de salmos dada por Peterson é: 3, 7, 9 e 10, 42, 60, 51,130.

80 N.d.T. A edição de Peterson traz os seguintes nomes: Dani, Lumech, Agalmaturod, Gediel, Pani, Caneloas, Merod, Lamidoc, Baldoc, Anereton, Metraton, Tuancia, Compendon, Lamedon, Cedrion, On, Mytrion, Anton, Syon, Spisson, Lupraton, Gion, Gimon, Gerson, Agla, Aglay, Aglaod, Agladiameron.

CAPÍTULO 20

A respeito do pano de seda.

Quando um instrumento da arte é apropriadamente consagrado, ele deve ser embrulhado em seda e posto de lado, como dissemos.

Toma, então, seda de qualquer cor, exceto preto e cinza, e escreve nela as palavras e caracteres da figura 90.

Fig. 90.

Perfuma-a com incenso de bom odor, asperge-a e recita os salmos lxxxii (82); lxxii (72); cxxxiv (134); lxiv (64)[81].

Isso feito, deverás reservá-la por sete dias com especiarias doces, e usarás a seda para envolver todos os instrumentos da arte.

81 N.d.T. Peterson coloca os salmos 8, 72, 134, 65.

CAPÍTULO 21[82]

A respeito dos caracteres e da consagração do livro mágico.

Em qualquer operação que for necessário escrever caracteres e que tenhas medo de falhar: escreve[83] no começo o nome EHEIEH ASHER EHEIEH (figura 91), e, no fim, o nome AIN SOPH (figura 92)[84]; entre estes nomes, escreve o que desejares, e se tiveres qualquer coisa especial para fazer, escreve os nomes citados no embrulho de seda, e dize sobre eles:

Fig. 91.

אהיה אשר אהיה:

Fig. 92.

אין סוף:

> Mais Sagrado e Altíssimo Criador de todas as coisas, eu rogo a Ti por Tua graça e Tua misericórdia[85] que possas conceder tamanha virtude e poder a estes nomes sagrados, para que Tu possas guardar esses caracteres de todos os enganos e erros, ó Mais Sagrado ADONAI. Amém.

Após teres repetido isso, escreverás os caracteres requisitados, e não irás falhar, mas sim obter o resultado que desejas.

---

82 N.d.T. Em sua edição, Peterson nota que Mathers omite aqui um capítulo, chamado "Acerca das imagens astrológicas".

83 N.d.T. Em sua edição, Peterson inclui aqui a seguinte frase: "Com a faca de pena e cor vermelhão ou cinábrio".

84 N.d.T. Neste ponto, Peterson inclui a frase: "Que significa Infinito".

85 N.d.T. A edição de Peterson traz "piedade" no lugar de "misericórdia";

A CONSAGRAÇÃO DO LIVRO[86]

Faze um pequeno livro contendo todas as preces para todas as operações, os nomes dos anjos em forma de litanias, seus selos e caracteres; o qual, depois de feito, deve ser consagrado a Deus e aos espíritos puros da maneira dita a seguir.

Coloca em um local destinado uma pequena mesa com um pano branco, onde porás o livro aberto no grande pentáculo, que deve ser desenhado na primeira página; e, tendo avivado uma lamparina que será suspensa sobre o centro da mesa, cercarás esta última com uma cortina branca; veste a indumentária apropriada e, segurando o livro aberto, repete de joelhos a seguinte prece, com grande humildade.

(Para a prece começando com "Adonai Elohim" etc., veja o Livro I, capítulo 14, no qual ela é dada por inteiro).

Depois disso, incensa o livro com o incenso adequado ao planeta e ao dia e recoloca-o na mesa, tomando cuidado para que a chama da lamparina seja mantida acesa continuamente durante a operação, e mantendo as cortinas fechadas. Repete a mesma cerimônia por sete dias, começando no sábado, perfumando o livro diariamente com o incenso apropriado para o planeta que rege o dia e a hora; depois do que colocarás o livro em uma pequena gaveta sob a mesa feita expressamente para esse fim, até que tenhas a ocasião de usá-lo; a cada vez que desejares utilizá-lo, coloca tuas vestimentas, acende a lamparina e repita, de joelhos, a prece mencionada, "Adonai Elohim" etc.

Também é necessário, na consagração do livro, invocar todos os anjos cujos nomes estão escritos nele em forma de litanias, o que deverás fazer com devoção; e mesmo se os anjos e os espíritos não aparecerem na consagração do livro, não fiques admirado com isso, compreendendo que eles são de uma natureza pura e, consequentemente, têm muita dificuldade de se familiarizar com homens, que são inconstantes e impuros, mas, se as cerimônias e os caracteres forem feitos corretamente com devoção e perseverança, eles serão forçados a vir, e acontecerá eventualmente que em tua primeira invocação conseguirás vê-los e te comunicares com eles. Mas eu te aconselho a

86 O final deste capítulo é do manuscrito Lansdowne 1203.

não fazeres nada sujo ou impuro, pois tua inconveniência, longe de atraí-los, apenas servirá para afastá-los de ti; e assim terás excessiva dificuldade de atraí-los para usá-los para resultados puros.

CAPÍTULO 22

A respeito dos sacrifícios para os espíritos e de como eles devem ser feitos.

Em muitas operações é necessário fazer algum tipo de sacrifício aos demônios, de diferentes maneiras. Às vezes, animais brancos são sacrificados aos bons espíritos, e negros, aos maus. Tais sacrifícios consistem em sangue, e, por vezes, carne.

Os que sacrificam animais, sejam eles de qualquer tipo, devem selecionar os que são virgens, pois são mais agradáveis aos espíritos,, tornando-os mais obedientes.

Quando sangue for sacrificado, deve ser tirado também de quadrúpedes ou aves virgens, mas, antes de fazeres a oblação, dize:

> Que este sacrifício que achamos adequado para vos oferecer, nobres e elevados seres, seja agradável e aprazível a vossos desejos; estai prontos para nos obedecer, e recebereis outros maiores.

Então perfuma e asperge de acordo com as regras da arte.

Quando é necessário, com todas as cerimônias adequadas, fazer sacrifícios de fogo, eles deverão ser realizados com madeira com alguma qualidade que se refere especialmente aos espíritos invocados; junípero ou pinheiro, para os espíritos de Saturno; buxo ou carvalho, aos de Júpiter; cornácea ou cedro, aos de Marte; loureiro, aos do Sol; mirto, aos de Vênus; aveleira, aos de Mercúrio; e salgueiro, aos da Lua.

Mas quando fazemos sacrifícios de alimentos e bebidas, tudo que for necessário deve ser preparado dentro do círculo[87], e as carnes de-

87 Em sua edição, Peterson inclui aqui o trecho: "com mesa nova ou previamente lavada".

verão ser cobertas com algum pano fino e limpo, e um pano branco e limpo deve ser estendido por baixo delas; e com pão novo e bom e vinho espumante, mas, em tudo, as coisas que se referem à natureza do planeta. Animais, como aves domésticas e pombos, devem ser assados. Deverás especialmente ter um vaso com água limpa e pura da fonte, e antes de entrares no círculo, invocarás os espíritos por seus nomes apropriados, ou ao menos o chefe entre eles, dizendo:

> Em qualquer lugar em que podeis estar, espíritos, que são convidados a este banquete, vinde e estai prontos para receber nossas oferendas, presentes e sacrifícios, e tereis depois mais oblações agradáveis.

Perfuma as provisões com incenso doce, e asperge-os com água exorcizada, e então começa a conjurar os espíritos até que eles venham.

Essa é a maneira de fazer sacrifícios em todas as artes e operações em que isso for necessário, e, agindo assim, os espíritos estarão prontos a te servir.

Aqui termina nossa *Clavícula*, a qual, se a incutiste minuciosamente em tua memória, estarás apto, caso isso te agrade, até mesmo a voar com as asas de um pássaro. Mas, se tomares pouca precaução com ela, ou desprezares este livro, jamais conseguirás atingir o resultado desejado em qualquer experimento mágico ou operação.

Pois este livro abrange toda a ciência da arte mágica, e deverá ser estritamente guardado por ti. E aqui é o final de nossa *Clavícula*, em nome de Deus, o justo, o misericordioso e o eterno, que vive e reina ao longo das eras. Amém.

FIM DA CLAVÍCULA DO REI SALOMÃO.

APÊNDICE

FRAGMENTO ANCESTRAL DA CLAVÍCULA DE SALOMÃO,

TRADUZIDO DO HEBRAICO POR ELIPHAS LÉVI, presente em seu *Philosophie occulte, serie II*, pág. 36.

Agora te darei a clavícula para o reino dos esp**íritos.**

Esta clavícula é a mesma dos números misteriosos de Yetzirah[88].

Os espíritos são governados pela hierarquia natural e universal das coisas.

Três comandam três por meio de três.

Há os espíritos de cima, os de baixo e os do centro; se inverteres a Escada Sagrada, se desceres em vez de ascenderes, descobrirás a contra-hierarquia das cascas, ou os espíritos mortos.

Apenas deves saber que os principados do céu, as virtudes e os poderes não são pessoas, mas dignidades.

Eles são os graus da Escada Sagrada pela qual os espíritos ascendem e descendem.

Miguel, Gabriel, Rafael e os outros não são nomes, mas títulos.

O primeiro dos números é a unidade.

A primeira das concepções divinas chamadas sephiroth é Kether ou Coroa.

A primeira categoria dos espíritos é Chaioth Ha-Qadesh, ou Inteligências do Divino Tetragrama, cujas letras são simbolizadas pelos animais misteriosos na profecia de Ezequiel.

---

88 O *Sepher Yetzirah*, ou *Livro da criação*, um dos livros mais antigos da Cabala (N.d.T. Em português, publicado como *Sêfer Ietsirá - o livro da criação*).

O império deles é o da unidade e o da síntese. Eles correspondem à inteligência.

Eles têm por adversários os Thamiel, ou Bicéfalos, os demônios da revolta e da anarquia, cujos dois chefes, sempre em guerra um com o outro, são Satã e Moloch.

O segundo número é dois; a segunda sephira é Chokmah ou Sabedoria.

Os espíritos da sabedoria são os Auphanim, nome que significa as Rodas, pois tudo no Céu age como imensas rodas luzentes de estrelas. O império deles é o da harmonia. Eles correspondem à razão.

Eles têm por adversários os Chaigidel ou Cascas que se grudam às aparências materiais e mentirosas. Seu chefe, ou melhor, guia, pois espíritos malignos não obedecem a ninguém, é Belzebu, cujo nome significa o Deus das Moscas, pois as moscas assombram os corpos putrefatos.

O terceiro número é três. A terceira sephira é Binah ou Entendimento.

Os espíritos de Binah são os Aralim, ou os Fortes. O império deles é a criação de ideias; eles correspondem à atividade e energia do pensamento.

Seus adversários são os Satariel, ou Ocultadores, os demônios da absurdidade, da inércia intelectual e do mistério. O chefe dos Satariel é Lucifuge, falsamente chamado pela antífrase Lúcifer (como as Eumênides, que são as Fúrias, que em grego são chamadas de as Graciosas).

O quarto número é quatro. A quarta sephira é Gedulah ou Chesed, Magnificência ou Misericórdia.

Os espíritos de Gedulah são os Chaschmalin ou os Lúcidos. Seu império é o da beneficência; eles correspondem à imaginação.

Eles têm por adversários os Gamchicoth ou Perturbadores da Alma. O chefe ou guia desses demônios é Ashtaroth, ou Astarte, a Vênus impura dos sírios, a quem eles representam com a cabeça de um asno ou touro, e os seios de uma mulher.

O quinto número é cinco. O quinto sephira é Geburah ou Justiça.

Os espíritos de Geburah são os Serafins, ou Espíritos Flamejantes de Zelo. Seu império é o da punição de crimes. Correspondem à faculdade de comparar e escolher.

Eles têm por adversários os Golab, ou Incendiários, gênios da ira e da sedição, cujo chefe é Asmodeus, a quem também chamam de Samael, o Negro.

O sexto número é seis. A sexta sephira é Tipheret, a Extrema Beleza.

Os espíritos de Tipheret são os Malachim, ou Reis. Seu império é o da Harmonia Universal. Correspondem ao julgamento.

Eles têm por adversários os Tagaririm, ou Porfiantes, cujo chefe é Belphegor.

O sétimo número é sete. A sétima sephira é Netzach ou Vitória.

Os espíritos de Netzach são os Elohim, ou Deuses, ou seja, representantes de Deus. Seu império é o do progresso e da vida. Eles correspondem a *sensorium* ou à sensibilidade.

Eles têm por adversários os Harab-Serapel, ou Corvos da Morte, cujo chefe é Baal.

O oitavo número é oito. A oitava sephira é Hod ou Ordem Eterna.

Os espíritos de Hod são os Beni-Elohim, ou Filhos de Deus. Seu império é o da ordem, pois correspondem ao sentido íntimo.

Eles têm por adversários os Samael, ou Escamoteadores, cujo chefe é Adramelech.

O nono número é nove. A nona sephira é Yesod, o Princípio Fundamental.

Os espíritos de Yesod são os Querubins, ou Anjos, cujos poderes fecundam a terra, e que são representados no simbolismo hebraico na forma de touros. O império deles é o da fecundidade. Eles correspondem às ideias verdadeiras.

Eles têm por adversários Gamaliel, ou Obscenos, cuja rainha é Lilith, demônio das devassidões.

O décimo número é dez. A décima sephira é Malkuth, ou o Reino das Formas.

Os espíritos de Malkuth são os Ischim, ou Viris; são as almas dos santos cujo chefe é Moisés (não nos esqueçamos de que quem fala é Salomão – Eliphas Lévi).

Eles têm por adversários os perversos que obedecem a Nahema, o Demônio da Impureza.

Os perversos são simbolizados pelas cinco nações malditas a serem destruídas por Josué.

Josué, ou Jehoshua, é o Salvador, é um símbolo do Messias.

Seu nome é composto pelas letras do Tetragrama Divino transformado em um pentagrama pela adição da letra schin (veja figura 94).

Cada letra deste pentagrama representa um poder da bondade atacado pelas cinco nações malditas.

Pois a história real do povo de Deus é a lenda alegórica da humanidade.

As cinco nações malditas são:

1. Os Amalekites ou Agressores;
2. Os Geburim ou Violentos;
3. Os Raphaim ou Covardes;
4. Os Nephilim ou Voluptuosos;
5. Os Anakim ou Anarquistas.

Os Anarquistas são subjugados por Yod, que é o cetro do Pai.

Os Violentos são subjugados por Hé, que é a gentileza da mãe.

Os Covardes são subjugados por Vau, que é a espada de Miguel, e pela geração, pela labuta e pela dor.

Os Voluptuosos são subjugados pelo segundo Hé, que é o parto doloroso da mãe.

Por fim, os Agressores são subjugados por Schin, que é o fogo do Senhor e as leis equilibradoras da justiça.

Os príncipes dos espíritos perversos são os deuses falsos a quem eles adoram.

O Inferno não tem outro governo que não seja a lei fatal que pune a perversidade e corrige os erros, pois os deuses falsos existem apenas na opinião de seus adoradores.

Baal, Belphegor, Moloch, Adramelech, foram ídolos dos sírios; ídolos sem alma, ídolos agora destruídos, de quem apenas os nomes restaram.

O Deus Verdadeiro subjugou todos os demônios, pois a verdade triunfa sobre o erro. Isso é passado na opinião dos homens, e as guerras de Miguel contra Satã são os símbolos do movimento e do progresso dos espíritos.

O diabo é sempre um deus da recusa.

As idolatrias creditadas são as religiões de seus tempos.

Idolatrias obsoletas são superstições e sacrilégios.

O panteão dos fantasmas, que está em voga, é o céu do ignorante.

O receptáculo dos fantasmas, a quem nem mesmo a insensatez deseja mais, é o Inferno.

Mas isso tudo existe apenas na imaginação dos vulgares.

Para os sábios, o Céu é a razão suprema, e o Inferno é loucura.

Mas é preciso entender que aqui usamos a palavra céu em seu sentido místico, em oposição à palavra inferno.

Para evocar os fantasmas é suficiente se intoxicar ou enlouquecer; pois os fantasmas são sempre os companheiros da bebedeira e da vertigem.

O fósforo da imaginação, abandonado a todos os caprichos dos nervos doentes e superexcitados, se enche de monstros e de visões absurdas.

Também podemos alcançar a alucinação ao misturar vigília e sono, ou pelo uso gradual de narcóticos; mas tais ações são crimes contra a natureza.

A sabedoria espanta os fantasmas e nos permite comunicar-nos com os espíritos superiores pela contemplação das leis da natureza e pelo estudo dos números sagrados.

(Aqui o rei Salomão se dirige a seu filho, Roboão.)

Lembra-te, ó meu filho Roboão, que o medo de Adonai é apenas o começo da sabedoria.

Mantém e conserva os que não têm o entendimento do medo de Adonai, que te darão e conservarão em ti minha coroa.

Mas aprende, tu, a triunfar sobre o medo pela sabedoria, e os espíritos descerão do Céu para te servir.

Eu, Salomão, teu pai, rei de Israel e de Palmira, busquei e obtive meu quinhão do Sagrado Chokmah, que é o conhecimento de Adonai.

E eu me tornei rei dos espíritos, assim como do Céu e da Terra, mestre dos habitantes do ar, e das almas vivas dos mares, pois estava em posse da clavícula dos jardins secretos da luz.

Eu te fiz coisas grandiosas pela virtude de Schema Hamphorasch[89] e pelos vinte e dois caminhos de Yetzirah.

Número, peso e medida determinam a forma das coisas; a substância é uma, e Deus a cria eternamente.

Feliz é quem compreende as letras e os números.

As letras são dos números, e os números, das ideias, e as ideias, das forças, e as forças, dos Elohim. A síntese dos Elohim é Shchema.

O Schema é um, suas colunas, duas, seus poderes, três, sua forma, quatro, seu reflexo dá oito, e multiplicarás sobre ti os vinte e quatro tronos da sabedoria.

Sobre cada trono repousa uma coroa com três raios, cada raio leva um nome, cada nome é uma ideia absoluta. Há setenta e dois nomes sobre as vinte e quatro coroas do Schema.

Escreve esses nomes sobre trinta e seis talismãs, dois em cada um, um de cada lado.

Divide esses talismãs em quatro séries com nove cada uma, de acordo com o número das letras do Schema.

Sobre a primeira série, grava a letra Yod, simbolizada pelo cajado florido de Aarão.

Sobre a segunda, a letra Hé, simbolizada pela taça de José.

Sobre a terceira, a letra Vau, simbolizada pela espada de Davi, meu pai.

E sobre a quarta, a letra Hé final, simbolizando o siclo de ouro.

Esses trinta e seis talismãs serão um livro que irá conter todos os segredos da natureza. E, por suas diversas combinações, tu farás os gênios e demônios falarem.

(AQUI ACABA O FRAGMENTO DA CLAVÍCULA DE SALOMÃO)

89 N.d.T. Termo que designa um nome oculto de Deus na Cabala.

INVOCAÇÃO CABALÍSTICA DE SALOMÃO

Dada por Eliphas Lévi em *Rituel de la haute magie*[90], capítulo XIII.

PODERES do reino, estai sob meu pé esquerdo, e em minha mão direita.

Glória e eternidade, tocai meus ombros e me guiai nos caminhos da vitória.

Misericórdia e justiça, sede o equilíbrio e o esplendor de minha vida.

Compreensão e sabedoria, dai-me a coroa.

Espíritos de Malkuth, conduzi-me entre as duas colunas sobre as quais está amparado todo o edifício do Templo.

Anjos de Netzach e de Hod, fortificai-me na pedra cúbica de Yesod.

Ó GEDULAHEL! Ó GEBURAHEL! Ó TIPHERETH!

BINAHEL, sê meu amor!

RUACH CHOKMAHEL, sê minha luz!

Sê o que és, e o que desejas ser, ó KETHERIEL!

Ishim, auxiliai-me, em nome de SHADDAI.

Querubim, sede minha força em nome de ADONAI.

Beni Elohim, sede meus irmãos em nome do Filho e pelas virtudes de TZABAOTH.

Elohim, lutai por mim em nome do TETRAGRAMMATON.

Malachim, protege-me em nome de YOD HE VAU HE.

Serafim, purificai meu amor em nome de ELOAH.

90 N.d.T. No Brasil, publicado como *Dogma e ritual de alta magia*.

Chaschmalim, iluminai-me com os esplendores de ELOHI, e os de SCHECHINAH.

Aralim, agi; Auphanim, revirai e resplandecei.

Chaioth Ha-Qadosch, gritai alto, falai, rugi e gemei; Qadosch, Qadosch, Qadosch., SHADDAI, ADONAI, YOD CHAVAH, EHEIEH ASHER EHEIEH!

Halelu-Yah! Halelu-Yah! Halelu-Yah. Amém.

FIM

GRAVURA XV

Os alfabetos místicos

PLATE XV.

The Mystical Alphabets.

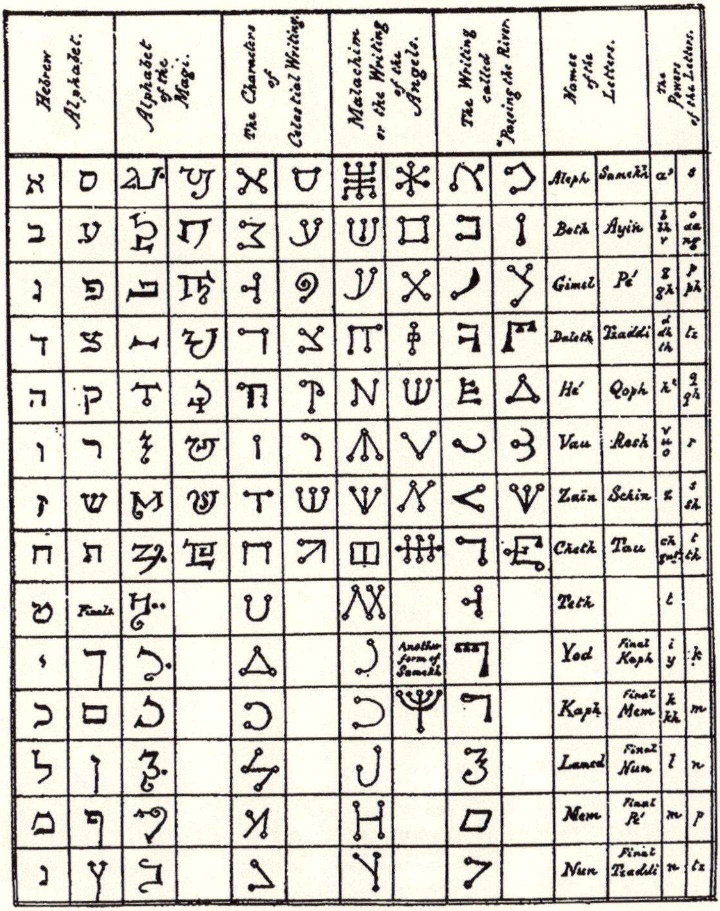

Impressão e Acabamento:
EXPRESSÃO & ARTE
EDITORA E GRÁFICA
Fones: (11) 3951-5240 | 3951-5188
E-mail: atendimento@expressaoearte.com
www.graficaexpressaoearte.com.br